LES FLEURS DU MAL

AMBROISE VOLLARD, ÉDITEUR

6, Rue Laffitte, 6

IMPRIMERIE NATIONALE

PARIS

1916

JUSTIFICATION DU TIRAGE :

Deux cent cinquante exemplaires :

de 1 à 50, sur papier du Japon de la manufacture de Shidzuoka ;

de 51 à 250, sur vélin à la forme des Papeteries d'Arches, filigrané au titre de l'ouvrage.

Il a été tiré, en outre, douze exemplaires, non dans le commerce, et numérotés de A à L.

Exemplaire J, pour

LA BIBLIOTHÈQUE NATIONALE

LES FLEURS DU MAL

LES FLEURS DU MAL

PAR
CHARLES BAUDELAIRE

ILLUSTRATIONS   SUR BOIS

DESSINÉES   PAR ÉMILE

ET GRAVÉES   BERNARD

PREMIÈRE PARTIE

AMBROISE VOLLARD, ÉDITEUR
6, Rue Laffitte, 6

IMPRIMERIE NATIONALE
PARIS
1916

AU POËTE IMPECCABLE

AU PARFAIT MAGICIEN ÈS LETTRES FRANÇAISES

À MON TRÈS-CHER ET TRÈS-VÉNÉRÉ

MAÎTRE ET AMI

THÉOPHILE GAUTIER

AVEC LES SENTIMENTS

DE LA PLUS PROFONDE HUMILITÉ

JE DÉDIE

CES FLEURS MALADIVES

C. B.

PREMIÈRE PARTIE.

PRÉFACE

PRÉFACE.

La sottise, l'erreur, le péché, la lésine,
Occupent nos esprits & travaillent nos corps,
Et nous alimentons nos aimables remords,
Comme les mendiants nourrißent leur vermine.

I

Nos pechés sont têtus, nos repentirs sont lâches;
Nous nous faisons payer graſſement nos aveux,
Et nous rentrons gaîment dans le chemin bourbeux,
Croyant par de vils pleurs laver toutes nos taches.

Sur l'oreiller du mal c'eſt **Satan Trismégiſte**
Qui berce longuement notre eſprit enchanté,
Et le riche métal de notre volonté
Eſt tout vaporisé par ce savant chimiſte.

C'eſt le Diable qui tient les fils qui nous remuent!
Aux objets répugnants nous trouvons des appas;
Chaque jour vers l'Enfer nous descendons d'un pas,
Sans horreur, à travers des ténèbres qui puent.

Ainsi qu'un débauché pauvre qui baise & mange
Le sein martyrisé d'une antique catin,
Nous volons au paſſage un plaisir clandeſtin
Que nous preſſons bien fort comme une vieille orange.

Serré, fourmillant, comme un million d'helminthes,
Dans nos cerveaux ribote un peuple de Démons,
Et, quand nous respirons, la Mort dans nos poumons
Descend, fleuve invisible, avec de sourdes plaintes.

Si le viol, le poison, le poignard, l'incendie,
N'ont pas encor brodé de leurs plaisants dessins
Le canevas banal de nos piteux destins,
C'est que notre âme, hélas! n'est pas assez hardie.

Mais parmi les chacals, les panthères, les lices,
Les singes, les scorpions, les vautours, les serpents,
Les monstres glapissants, hurlants, grognants, rampants,
Dans la ménagerie infâme de nos vices,

Il en est un plus laid, plus méchant, plus immonde!
Quoiqu'il ne pousse ni grands gestes ni grands cris,
Il ferait volontiers de la terre un débris
Et dans un bâillement avalerait le monde;

C'est l'Ennui! — L'œil chargé d'un pleur involontaire,
Il rêve d'échafauds en fumant son houka.
Tu le connais, lecteur, ce monstre délicat,
— Hypocrite lecteur, — mon semblable, — mon frère!

SPLEEN
ET
IDÉAL

I

BÉNÉDICTION.

Lorsque, par un décret des puißances suprêmes,
Le Poëte apparaît en ce monde ennuyé,
Sa mère épouvantée & pleine de blasphèmes
Crispe ses poings vers Dieu, qui la prend en pitié :

«— Ah! que n'ai-je mis bas tout un nœud de vipères,
Plutôt que de nourrir cette dérision!
Maudite soit la nuit aux plaisirs éphémères
Où mon ventre a conçu mon expiation!

Puisque tu m'as choisie entre toutes les femmes
Pour être le dégoût de mon triste mari,
Et que je ne puis pas rejeter dans les flammes,
Comme un billet d'amour, ce monstre rabougri,

Je ferai rejaillir ta haine qui m'accable
Sur l'instrument maudit de tes méchancetés,
Et je tordrai si bien cet arbre misérable,
Qu'il ne pourra pousser ses boutons empestés ! »

Elle ravale ainsi l'écume de sa haine,
Et, ne comprenant pas les desseins éternels,
Elle-même prépare au fond de la Géhenne
Les bûchers consacrés aux crimes maternels.

Pourtant, sous la tutelle invisible d'un Ange,
L'Enfant déshérité s'enivre de soleil,
Et dans tout ce qu'il boit & dans tout ce qu'il mange
Retrouve l'ambroisie & le nectar vermeil.

Il joue avec le vent, cause avec le nuage
Et s'enivre en chantant du chemin de la croix ;
Et l'Esprit qui le suit dans son pèlerinage
Pleure de le voir gai comme un oiseau des bois.

Tous ceux qu'il veut aimer l'observent avec crainte,
Ou bien, s'enhardissant de sa tranquillité,
Cherchent à qui saura lui tirer une plainte,
Et font sur lui l'essai de leur férocité.

Dans le pain & le vin destinés à sa bouche
Ils mêlent de la cendre avec d'impurs crachats ;
Avec hypocrisie ils jettent ce qu'il touche,
Et s'accusent d'avoir mis leurs pieds dans ses pas.

Sa femme va criant sur les places publiques :
« — Puisqu'il me trouve assez belle pour m'adorer,
Je ferai le métier des idoles antiques,
Et comme elles je veux me faire redorer ;

Et je me soûlerai de nard, d'encens, de myrrhe,
De génuflexions, de viandes & de vins,
Pour savoir si je puis dans un cœur qui m'admire
Usurper en riant les hommages divins !

Et, quand je m'ennuîrai de ces farces impies,
Je poserai sur lui ma frêle & forte main ;
Et mes ongles, pareils aux ongles des harpies,
Sauront jusqu'à son cœur se frayer un chemin.

Comme un tout jeune oiseau qui tremble & qui palpite,
J'arracherai ce cœur tout rouge de son sein,
Et, pour rassasier ma bête favorite,
Je le lui jetterai par terre avec dédain ! »

Vers le Ciel, où son œil voit un trône splendide,
Le Poëte serein lève ses bras pieux,
Et les vastes éclairs de son esprit lucide
Lui dérobent l'aspect des peuples furieux :

« — Soyez béni, mon Dieu, qui donnez la souffrance
Comme un divin remède à nos impuretés
Et comme la meilleure & la plus pure essence
Qui prépare les forts aux saintes voluptés !

Je sais que vous gardez une place au Poëte
Dans les rangs bienheureux des saintes Légions,
Et que vous l'invitez à l'éternelle fête
Des Trônes, des Vertus, des Dominations.

Je sais que la douleur est la noblesse unique
Où ne mordront jamais la terre & les enfers,
Et qu'il faut pour tresser ma couronne mystique
Imposer tous les temps & tous les univers.

Mais les bijoux perdus de l'antique Palmyre,
Les métaux inconnus, les perles de la mer,
Par votre main montés, ne pourraient pas suffire
A ce beau diademe éblouissant & clair ;

II

Car il ne sera fait que de pure lumière,
Puisée au foyer saint des rayons primitifs,
Et dont les yeux mortels, dans leur splendeur entière,
Ne sont que des miroirs obscurcis & plaintifs ! »

II

L'ALBATROS.

Souvent, pour s'amuser, les hommes d'équipage
Prennent des albatros, vastes oiseaux des mers,
Qui suivent, indolents compagnons de voyage,
Le navire glißant sur les gouffres amers.

A peine les ont-ils déposés sur les planches,
Que ces rois de l'azur, maladroits & honteux,
Laißent piteusement leurs grandes ailes blanches
Comme des avirons traîner à côté d'eux.

Ce voyageur ailé, comme il est gauche & veule!
Lui, naguère si beau, qu'il est comique & laid!
L'un agace son bec avec un brûle-gueule,
L'autre mime, en boitant, l'infirme qui volait!

Le Poëte est semblable au prince des nuées
Qui hante la tempête & se rit de l'archer;
Exilé sur le sol au milieu des huées,
Ses ailes de géant l'empêchent de marcher.

III

ÉLÉVATION.

Au-deſſus des étangs, au-deſſus des vallées,
Des montagnes, des bois, des nuages, des mers,
Par delà le soleil, par delà les éthers,
Par delà les confins des ſphères étoilées,

Mon eſprit, tu te meus avec agilité,
Et, comme un bon nageur qui se pâme dans l'onde,
Tu sillonnes gaîment l'immensité profonde
Avec une indicible & mâle volupté.

17

Envole-toi bien loin de ces miasmes morbides,
Va te purifier dans l'air supérieur,
Et bois, comme une pure & divine liqueur,
Le feu clair qui remplit les espaces limpides.

Derrière les ennuis & les vastes chagrins
Qui chargent de leur poids l'existence brumeuse,
Heureux celui qui peut d'une aile vigoureuse
S'élancer vers les champs lumineux & sereins!

Celui dont les pensers, comme des alouettes,
Vers les cieux le matin prennent un libre essor,
— Qui plane sur la vie & comprend sans effort
Le langage des fleurs & des choses muettes!

IV

CORRESPONDANCES.

La nature est un temple où de vivants piliers
Laißent parfois sortir de confuses paroles;
L'homme y paße à travers des forêts de symboles
Qui l'observent avec des regards familiers.

Comme de longs échos qui de loin se confondent
Dans une ténébreuse & profonde unité,
Vaste comme la nuit & comme la clarté,
Les parfums, les couleurs & les sons se répondent.

Il est des parfums frais comme des chairs d'enfants,
Doux comme les hautbois, verts comme les prairies,
— Et d'autres, corrompus, riches & triomphants,

Ayant l'expansion des choses infinies,
Comme l'ambre, le musc, le benjoin & l'encens,
Qui chantent les transports de l'esprit & des sens.

V

J'aime le souvenir de ces époques nues,
Dont Phœbus se plaisait à dorer les statues.
Alors l'homme & la femme en leur agilité
Jouißaient sans mensonge & sans anxiété,
Et, le ciel amoureux leur careßant l'échine,
Exerçaient la santé de leur noble machine.
Cybèle alors, fertile en produits généreux,
Ne trouvait point ses fils un poids trop onéreux,
Mais, louve au cœur gonflé de tendreßes communes,
Abreuvait l'univers à ses tétines brunes.
L'homme, élégant, robuste & fort, avait le droit

D'être fier des beautés qui le nommaient leur roi ;
Fruits purs de tout outrage & vierges de gerçures,
Dont la chair lisse & ferme appelait les morsures !

Le Poëte aujourd'hui, quand il veut concevoir
Ces natives grandeurs, aux lieux où se font voir
La nudité de l'homme & celle de la femme,
Sent un froid ténébreux envelopper son âme
Devant ce noir tableau plein d'épouvantement.
O monstruosités pleurant leur vêtement !
O ridicules troncs ! torses dignes des masques !
O pauvres corps tordus, maigres, ventrus ou flasques,
Que le dieu de l'Utile, implacable & serein,
Enfants, emmaillota dans ses langes d'airain !
Et vous, femmes, hélas ! pâles comme des cierges,
Que ronge & que nourrit la débauche, & vous, vierges,
Du vice maternel traînant l'hérédité
Et toutes les hideurs de la fécondité !

Nous avons, il est vrai, nations corrompues,
Aux peuples anciens des beautés inconnues :

Des visages rongés par les chancres du cœur,
Et comme qui dirait des beautés de langueur;
Mais ces inventions de nos muses tardives
N'empêcheront jamais les races maladives
De rendre à la jeuneße un hommage profond,
— A la sainte jeuneße, à l'air simple, au doux front,
A l'œil limpide & clair ainsi qu'une eau courante,
Et qui va répandant sur tout, insouciante
Comme l'azur du ciel, les oiseaux & les fleurs,
Ses parfums, ses chansons & ses douces chaleurs!

VI

LES PHARES.

Rubens, fleuve d'oubli, jardin de la pareße,
Oreiller de chair fraîche où l'on ne peut aimer,
Mais où la vie afflue & s'agite sans ceße,
Comme l'air dans le ciel & la mer dans la mer;

Léonard de Vinci, miroir profond & sombre,
Où des anges charmants, avec un doux souris
Tout chargé de myſtere, apparaißent à l'ombre
Des glaciers & des pins qui ferment leur pays;

24

Rembrandt, triste hôpital tout rempli de murmures,
Et d'un grand crucifix décoré seulement,
Où la prière en pleurs s'exhale des ordures,
Et d'un rayon d'hiver traversé brusquement;

Michel-Ange, lieu vague où l'on voit des Hercules
Se mêler à des Christs, & se lever tout droits
Des fantômes puißants qui dans les crépuscules
Déchirent leur suaire en étirant leurs doigts;

Colères de boxeur, impudences de faune,
Toi qui sus ramaßer la beauté des goujats,
Grand cœur gonflé d'orgueil, homme débile & jaune,
Puget, mélancolique empereur des forçats;

Watteau, ce carnaval où bien des cœurs illuſtres,
Comme des papillons, errent en flamboyant,
Décors frais & légers éclairés par des luſtres
Qui versent la folie à ce bal tournoyant;

Goya, cauchemar plein de choses inconnues,
De fœtus qu'on fait cuire au milieu des sabbats,
De vieilles au miroir & d'enfants toutes nues,
Pour tenter les démons ajustant bien leurs bas;

Delacroix, lac de sang hanté des mauvais anges,
Ombragé par un bois de sapins toujours vert,
Où, sous un ciel chagrin, des fanfares étranges
Paßent comme un soupir étouffé de Weber;

Ces malédictions, ces blasphèmes, ces plaintes,
Ces extases, ces cris, ces pleurs, ces Te Deum,
Sont un écho redit par mille labyrinthes;
C'est pour les cœurs mortels un divin opium!

C'est un cri répété par mille sentinelles,
Un ordre renvoyé par mille porte-voix;
C'est un phare allumé sur mille citadelles,
Un appel de chaßeurs perdus dans les grands bois!

Car c'est vraiment, Seigneur, le meilleur témoignage
Que nous puißions donner de notre dignité
Que cet ardent sanglot qui roule d'âge en âge
Et vient mourir au bord de votre éternité!

VII

LA MUSE MALADE.

Ma pauvre Muse, hélas! qu'as-tu donc ce matin?
Tes yeux creux sont peuplés de visions nocturnes,
Et je vois tour à tour s'étaler sur ton teint
La folie & l'horreur, froides & taciturnes.

Le succube verdâtre & le rose lutin
T'ont-ils versé la peur & l'amour de leurs urnes?
Le cauchemar, d'un poing despotique & mutin,
T'a-t-il noyée au fond d'un fabuleux Minturnes?

28

Je voudrais qu'exhalant l'odeur de la santé
Ton sein de pensers forts fût toujours fréquenté,
Et que ton sang chrétien coulât à flots rhythmiques,

Comme les sons nombreux des syllabes antiques,
Où règnent tour à tour le père des chansons,
Phœbus, & le grand Pan, le seigneur des moißons.

VIII

LA MUSE VÉNALE.

O Muse de mon cœur, amante des palais,
Auras-tu, quand Janvier lâchera ses Borées,
Durant les noirs ennuis des neigeuses soirées,
Un tison pour chauffer tes deux pieds violets?

Ranimeras-tu donc tes épaules marbrées
Aux nocturnes rayons qui percent les volets?
Sentant ta bourse à sec autant que ton palais,
Récolteras-tu l'or des voûtes azurées?

Il te faut, pour gagner ton pain de chaque soir,
Comme un enfant de chœur, jouer de l'encensoir,
Chanter des Te Deum auxquels tu ne crois guère,

Ou, saltimbanque à jeun, étaler tes appas
Et ton rire trempé de pleurs qu'on ne voit pas,
Pour faire épanouir la rate du vulgaire.

Il te faut, pour gagner ton pain de chaque soir,
Comme un enfant de chœur, jouer de l'encensoir,
Chanter des Te Deum auxquels tu ne crois guère,

Ou, saltimbanque à jeun, étaler tes appas
Et ton rire trempé de pleurs qu'on ne voit pas,
Pour faire épanouir la rate du vulgaire.

IX

LE MAUVAIS MOINE.

Les cloîtres anciens sur les grandes murailles
Étalaient en tableaux la sainte Vérité,
Dont l'effet, réchauffant les pieuses entrailles,
Tempérait la froideur de leur austérité.

En ces temps où du Christ florißaient les semailles,
Plus d'un illustre moine, aujourd'hui peu cité,
Prenant pour atelier le champ des funérailles,
Glorifiait la Mort avec simplicité.

— Mon âme est un tombeau que, mauvais cénobite,
Depuis l'éternité je parcours & j'habite;
Rien n'embellit les murs de ce cloître odieux.

O moine fainéant! quand saurai-je donc faire
Du spectacle vivant de ma triste misère
Le travail de mes mains & l'amour de mes yeux?

X

L'ENNEMI.

Ma jeuneſſe ne fut qu'un ténébreux orage,
Traversé çà & là par de brillants soleils;
Le tonnerre & la pluie ont fait un tel ravage,
Qu'il reſte en mon jardin bien peu de fruits vermeils.

Voilà que j'ai touché l'automne des idées,
Et qu'il faut employer la pelle & les râteaux
Pour raſſembler à neuf les terres inondées,
Où l'eau creuse des trous grands comme des tombeaux.

37

Et qui sait si les fleurs nouvelles que je rêve
Trouveront dans ce sol lavé comme une grève
Le mystique aliment qui ferait leur vigueur?

— O douleur! ô douleur! Le Temps mange la vie,
Et l'obscur Ennemi qui nous ronge le cœur
Du sang que nous perdons croît & se fortifie!

XI

LE GUIGNON.

Pour soulever un poids si lourd,
Sisyphe, il faudrait ton courage!
Bien qu'on ait du cœur à l'ouvrage,
L'Art est long & le Temps est court.

Loin des sépultures célèbres,
Vers un cimetière isolé,
Mon cœur, comme un tambour voilé,
Va battant des marches funèbres.

39

— *Maint joyau dort enseveli*
Dans les ténèbres & l'oubli,
Bien loin des pioches & des sondes;

Mainte fleur épanche à regret
Son parfum doux comme un secret
Dans les solitudes profondes.

XII

LA VIE ANTÉRIEURE.

J'ai longtemps habité sous de vastes portiques
Que les soleils marins teignaient de mille feux,
Et que leurs grands piliers, droits & majestueux,
Rendaient pareils, le soir, aux grottes basaltiques.

Les houles, en roulant les images des cieux,
Mêlaient d'une façon solennelle & mystique
Les tout-puissants accords de leur riche musique
Aux couleurs du couchant reflété par mes yeux.

41

C'est là que j'ai vécu dans les voluptés calmes,
Au milieu de l'azur, des vagues, des splendeurs
Et des esclaves nus, tout imprégnés d'odeurs,

Qui me rafraîchissaient le front avec des palmes,
Et dont l'unique soin était d'approfondir
Le secret douloureux qui me faisait languir.

XIII

BOHÉMIENS EN VOYAGE.

La tribu prophétique aux prunelles ardentes
Hier s'est mise en route, emportant ses petits
Sur son dos, ou livrant à leurs fiers appétits
Le trésor toujours prêt des mamelles pendantes.

Les hommes vont à pied sous leurs armes luisantes
Le long des chariots où les leurs sont blottis,
Promenant sur le ciel des yeux appesantis
Par le morne regret des chimères absentes.

43

Du fond de son réduit sablonneux, le grillon,
Les regardant paßer, redouble sa chanson;
Cybèle, qui les aime, augmente ses verdures,

Fait couler le rocher & fleurir le désert
Devant ces voyageurs, pour lesquels est ouvert
L'empire familier des ténèbres futures.

XIV

L'HOMME ET LA MER.

Homme libre, toujours tu chériras la mer!
La mer est ton miroir; tu contemples ton âme
Dans le déroulement infini de sa lame,
Et ton esprit n'est pas un gouffre moins amer.

Tu te plais à plonger au sein de ton image;
Tu l'embraſſes des yeux & des bras, & ton cœur
Se diſtrait quelquefois de sa propre rumeur
Au bruit de cette plainte indomptable & sauvage.

Vous êtes tous les deux ténébreux & discrets :
Homme, nul n'a sondé le fond de tes abîmes,
O mer, nul ne connaît tes richeſſes intimes,
Tant vous êtes jaloux de garder vos secrets !

Et cependant voilà des siècles innombrables
Que vous vous combattez sans pitié ni remord,
Tellement vous aimez le carnage & la mort,
O lutteurs éternels, ô frères implacables !

XV

DON JUAN AUX ENFERS.

Quand don Juan descendit vers l'onde souterraine
Et lorsqu'il eut donné son obole à Charon,
Un sombre mendiant, l'œil fier comme Antisthène,
D'un bras vengeur & fort saisit chaque aviron.

Montrant leurs seins pendants & leurs robes ouvertes,
Des femmes se tordaient sous le noir firmament,
Et, comme un grand troupeau de victimes offertes,
Derrière lui traînaient un long mugissement.

47

Sganarelle en riant lui réclamait ses gages,
Tandis que don Luis avec un doigt tremblant
Montrait à tous les morts errant sur les rivages
Le fils audacieux qui railla son front blanc.

Frißonnant sous son deuil, la chaste & maigre Elvire,
Près de l'époux perfide & qui fut son amant,
Semblait lui réclamer un suprême sourire
Où brillât la douceur de son premier serment.

Tout droit dans son armure, un grand homme de pierre
Se tenait à la barre & coupait le flot noir;
Mais le calme héros, courbé sur sa rapière,
Regardait le sillage & ne daignait rien voir.

XVI

À THÉODORE DE BANVILLE.

1842.

Vous avez empoigné les crins de la Déeße
Avec un tel poignet, qu'on vous eût pris, à voir
Et cet air de maîtrise & ce beau nonchaloir,
Pour un jeune ruffian terraßant sa maîtreße.

L'œil clair & plein du feu de la précocité,
Vous avez prélaßé votre orgueil d'architecte
Dans des constructions dont l'audace correcte
Fait voir quelle sera votre maturité.

51

Poëte, notre sang nous fuit par chaque pore;
Est-ce que par hasard la robe du Centaure,
Qui changeait toute veine en funèbre ruißeau,

Était teinte trois fois dans les baves subtiles
De ces vindicatifs & monstrueux reptiles
Que le petit Hercule étranglait au berceau?

CHÂTIMENT DE L'ORGUEIL.

En ces temps merveilleux où la Théologie
Fleurit avec le plus de sève & d'énergie,
On raconte qu'un jour un docteur des plus grands,
— Après avoir forcé les cœurs indifférents,
Les avoir remués dans leurs profondeurs noires ;
Après avoir franchi vers les célestes gloires
Des chemins singuliers à lui-même inconnus,
Où les purs Esprits seuls peut-être étaient venus,
— Comme un homme monté trop haut, pris de panique, —
S'écria, transporté d'un orgueil satanique :

« Jésus, petit Jésus ! je t'ai poussé bien haut !
Mais, si j'avais voulu t'attaquer au défaut
De l'armure, ta honte égalerait ta gloire,
Et tu ne serais plus qu'un fœtus dérisoire ! »

Immédiatement sa raison s'en alla.
L'éclat de ce soleil d'un crêpe se voila ;
Tout le chaos roula dans cette intelligence,
Temple autrefois vivant, plein d'ordre & d'opulence,
Sous les plafonds duquel tant de pompe avait lui.
Le silence & la nuit s'installèrent en lui,
Comme dans un caveau dont la clef est perdue.

Dès lors il fut semblable aux bêtes de la rue
Et, quand il s'en allait sans rien voir, à travers
Les champs, sans distinguer les étés des hivers,
Sale, inutile & laid comme une chose usée,
Il faisait des enfants la joie & la risée.

XVIII

LA BEAUTÉ.

Je suis belle, ô mortels! comme un rêve de pierre,
Et mon sein, où chacun s'est meurtri tour à tour,
Est fait pour inspirer au poëte un amour
Éternel & muet ainsi que la matière.

Je trône dans l'azur comme un sphinx incompris;
J'unis un cœur de neige à la blancheur des cygnes;
Je hais le mouvement qui déplace les lignes;
Et jamais je ne pleure & jamais je ne ris.

55

Les poëtes, devant mes grandes attitudes,
Que j'ai l'air d'emprunter aux plus fiers monuments,
Consumeront leurs jours en d'austeres études;

Car j'ai, pour fasciner ces dociles amants,
De purs miroirs qui font toutes choses plus belles :
Mes yeux, mes larges yeux aux clartés éternelles!

XIX

L'IDÉAL.

Ce ne seront jamais ces beautés de vignettes,
Produits avariés, nés d'un siècle vaurien,
Ces pieds à brodequins, ces doigts à castagnettes,
Qui sauront satisfaire un cœur comme le mien.

Je laiße à Gavarni, poëte des chloroses,
Son troupeau gazouillant de beautés d'hôpital,
Car je ne puis trouver parmi ces pâles roses
Une fleur qui reßemble à mon rouge idéal.

57

Ce qu'il faut à ce cœur profond comme un abîme,
C'est vous, Lady Macbeth, âme puissante au crime,
Rêve d'Eschyle éclos au climat des autans ;

Ou bien toi, grande Nuit, fille de Michel-Ange,
Qui tors paisiblement dans une pose étrange
Tes appas façonnés aux bouches des Titans !

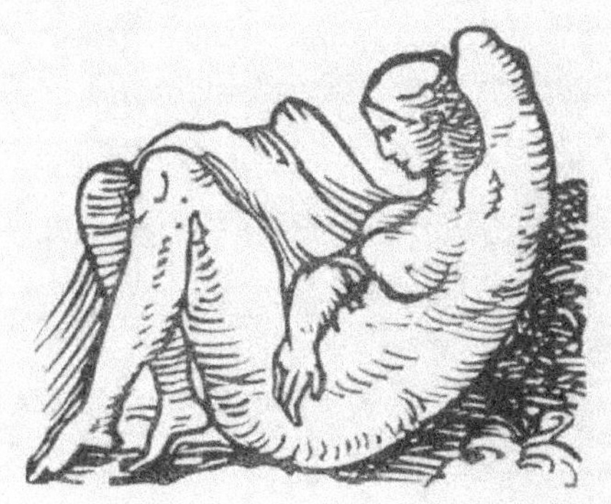

XX

LA GÉANTE.

Du temps que la Nature en sa verve puiſſante
Concevait chaque jour des enfants monſtrueux,
J'euſſe aimé vivre auprès d'une jeune géante,
Comme aux pieds d'une reine un chat voluptueux.

J'euſſe aimé voir son corps fleurir avec son âme
Et grandir librement dans ses terribles jeux;
Deviner si son cœur couve une sombre flamme
Aux humides brouillards qui nagent dans ses yeux;

59

Parcourir à loisir ses magnifiques formes;
Ramper sur le versant de ses genoux énormes,
Et parfois en été, quand les soleils malsains,

Lasse, la font s'étendre à travers la campagne,
Dormir nonchalamment à l'ombre de ses seins,
Comme un hameau paisible au pied d'une montagne.

XXI

LE MASQUE.

STATUE ALLÉGORIQUE DANS LE GOÛT DE LA RENAISSANCE.

À ERNEST CHRISTOPHE

STATUAIRE.

Contemplons ce trésor de grâces florentines;
Dans l'ondulation de ce corps musculeux
L'Élégance & la Force abondent, sœurs divines.
Cette femme, morceau vraiment miraculeux,
Divinement robuste, adorablement mince,
Est faite pour trôner sur des lits somptueux,
Et charmer les loisirs d'un pontife ou d'un prince.

61

— Aussi, vois ce souris fin & voluptueux
Où la fatuité promène son extase;
Ce long regard sournois, langoureux & moqueur;
Ce visage mignard, tout encadré de gaze,
Dont chaque trait nous dit avec un air vainqueur :
« La Volupté m'appelle & l'Amour me couronne! »
À cet être doué de tant de majesté
Vois quel charme excitant la gentillesse donne!
Approchons, & tournons autour de sa beauté.

Ô blasphème de l'art! ô surprise fatale!
La femme au corps divin, promettant le bonheur,
Par le haut se termine en monstre bicéphale!

Mais non! Ce n'est qu'un masque, un décor suborneur,
Ce visage éclairé d'une exquise grimace,
Et, regarde, voici, crispée atrocement,
La véritable tête, & la sincère face
Renversée à l'abri de la face qui ment.
— Pauvre grande beauté! le magnifique fleuve
De tes pleurs aboutit dans mon cœur soucieux;

Ton mensonge m'enivre, & mon âme s'abreuve
Aux flots que la Douleur fait jaillir de tes yeux !

— Mais pourquoi pleure-t-elle ? Elle, beauté parfaite
Qui mettrait à ses pieds le genre humain vaincu,
Quel mal mystérieux ronge son flanc d'athlète ?

— Elle pleure, insensé, parce qu'elle a vécu !
Et parce qu'elle vit ! Mais ce qu'elle déplore
Surtout, ce qui la fait frémir jusqu'aux genoux,
C'est que demain, hélas ! il faudra vivre encore !
Demain, après-demain & toujours ! — comme nous !

XXII

HYMNE À LA BEAUTÉ.

Viens-tu du ciel profond ou sors-tu de l'abîme,
O Beauté? Ton regard, infernal & divin,
Verse confusément le bienfait & le crime,
Et l'on peut pour cela te comparer au vin.

Tu contiens dans ton œil le couchant & l'aurore;
Tu répands des parfums comme un soir orageux;
Tes baisers sont un philtre & ta bouche une amphore
Qui font le héros lâche & l'enfant courageux.

64

Sors-tu du gouffre noir ou descends-tu des astres ?
Le Destin charmé suit tes jupons comme un chien ;
Tu sèmes au hasard la joie & les désastres,
Et tu gouvernes tout & ne réponds de rien.

Tu marches sur des morts, Beauté, dont tu te moques,
De tes bijoux l'Horreur n'est pas le moins charmant,
Et le Meurtre, parmi tes plus chères breloques,
Sur ton ventre orgueilleux danse amoureusement.

L'éphémère ébloui vole vers toi, chandelle,
Crépite, flambe & dit : Bénißons ce flambeau !
L'amoureux pantelant incliné sur sa belle
A l'air d'un moribond careßant son tombeau.

Que tu viennes du ciel ou de l'enfer, qu'importe,
O Beauté ! monstre énorme, effrayant, ingénu !
Si ton œil, ton souris, ton pied, m'ouvrent la porte
D'un Infini que j'aime & n'ai jamais connu ?

De Satan ou de Dieu, qu'importe? Ange ou Sirène,
Qu'importe, si tu rends, — fée aux yeux de velours,
Rhythme, parfum, lueur, ô mon unique reine! —
L'univers moins hideux & les instants moins lourds?

XXIII

PARFUM EXOTIQUE.

Quand, les deux yeux fermés, en un soir chaud d'automne,
Je respire l'odeur de ton sein chaleureux,
Je vois se dérouler des rivages heureux
Qu'éblouißent les feux d'un soleil monotone;

Une île pareßeuse où la nature donne
Des arbres singuliers & des fruits savoureux;
Des hommes dont le corps est mince & vigoureux,
Et des femmes dont l'œil par sa franchise étonne.

69

Guidé par ton odeur vers de charmants climats,
Je vois un port rempli de voiles & de mâts
Encor tout fatigués par la vague marine,

Pendant que le parfum des verts tamariniers,
Qui circule dans l'air & m'enfle la narine,
Se mêle dans mon âme au chant des mariniers.

XXIV

LA CHEVELURE.

O toison, moutonnant jusque sur l'encolure !
O boucles ! O parfum chargé de nonchaloir !
Extase ! Pour peupler ce soir l'alcôve obscure
Des souvenirs dormant dans cette chevelure,
Je la veux agiter dans l'air comme un mouchoir !

La langoureuse Asie & la brûlante Afrique,
Tout un monde lointain, absent, presque défunt,
Vit dans tes profondeurs, forêt aromatique !

71

Comme d'autres esprits voguent sur la musique,
Le mien, ô mon amour! nage sur ton parfum.

J'irai là-bas où l'arbre & l'homme, pleins de sève,
Se pâment longuement sous l'ardeur des climats;
Fortes treßes, soyez la houle qui m'enlève!
Tu contiens, mer d'ébène, un éblouißant rêve
De voiles, de rameurs, de flammes & de mâts :

Un port retentißant où mon âme peut boire
À grands flots le parfum, le son & la couleur;
Où les vaißeaux, glißant dans l'or & dans la moire,
Ouvrent leurs vastes bras pour embraßer la gloire
D'un ciel pur où frémit l'éternelle chaleur.

Je plongerai ma tête amoureuse d'ivreße
Dans ce noir océan où l'autre est enfermé;
Et mon esprit subtil que le roulis careße
Saura vous retrouver, ô feconde pareße,
Infinis bercements du loisir embaumé!

Cheveux bleus, pavillon de ténèbres tendues,
Vous me rendez l'azur du ciel immense & rond;
Sur les bords duvetés de vos mèches tordues
Je m'enivre ardemment des senteurs confondues
De l'huile de coco, du musc & du goudron.

Longtemps! toujours! ma main dans ta crinière lourde
Semera le rubis, la perle & le saphir,
Afin qu'à mon désir tu ne sois jamais sourde!
N'es-tu pas l'oasis où je rêve, & la gourde
Où je hume à longs traits le vin du souvenir?

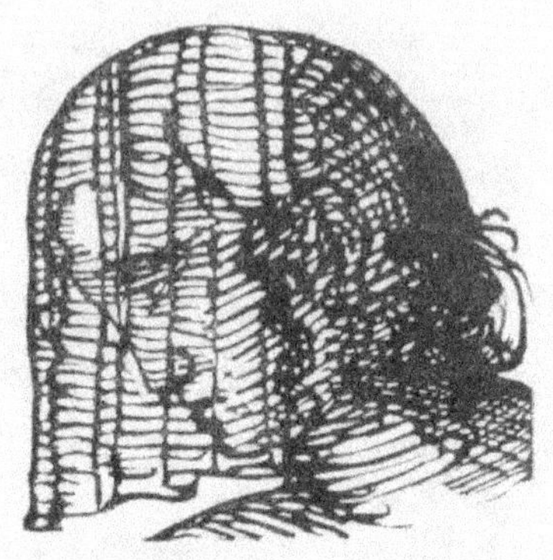

XXV

Je t'adore à l'égal de la voûte nocturne,
O vase de tristeße, ô grande taciturne,
Et t'aime d'autant plus, belle, que tu me fuis,
Et que tu me parais, ornement de mes nuits,
Plus ironiquement accumuler les lieues
Qui séparent mes bras des immensités bleues.

Je m'avance à l'attaque, & je grimpe aux aßauts,
Comme après un cadavre un chœur de vermißeaux,
Et je chéris, ô bête implacable & cruelle!
Jusqu'à cette froideur par où tu m'es plus belle!

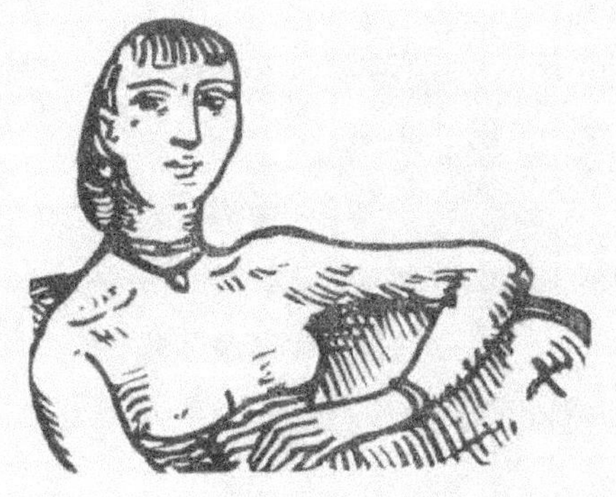

XXVI

Tu mettrais l'univers entier dans ta ruelle,
Femme impure! L'ennui rend ton âme cruelle.
Pour exercer tes dents à ce jeu singulier,
Il te faut chaque jour un cœur au râtelier.
Tes yeux, illuminés ainsi que des boutiques
Ou des ifs flamboyant dans les fêtes publiques,
Usent insolemment d'un pouvoir emprunté,
Sans connaître jamais la loi de leur beauté.
Machine aveugle & sourde, en cruautés féconde!
Salutaire instrument, buveur du sang du monde,
Comment n'as-tu pas honte & comment n'as-tu pas

75

Devant tous les miroirs vu pâlir tes appas?
La grandeur de ce mal où tu te crois savante
Ne t'a donc jamais fait reculer d'épouvante,
Quand la nature, grande en ses deßeins cachés,
De toi se sert, ô femme, ô reine des péchés,
— De toi, vil animal, — pour pétrir un génie?

O fangeuse grandeur! sublime ignominie!

XXVII

SED NON SATIATA.

Bizarre déité, brune comme les nuits,
Au parfum mélangé de musc & de havane,
Œuvre de quelque obi, le Faust de la savane,
Sorcière au flanc d'ébène, enfant des noirs minuits,

Je préfere au constance, à l'opium, au nuits,
L'élixir de ta bouche où l'amour se pavane;
Quand vers toi mes désirs partent en caravane,
Tes yeux sont la citerne où boivent mes ennuis.

77

Par ces deux grands yeux noirs, soupiraux de ton âme,
O démon sans pitié! verse-moi moins de flamme;
Je ne suis pas le Styx pour t'embraſſer neuf fois,

Hélas! & je ne puis, Megère libertine,
Pour briser ton courage & te mettre aux abois,
Dans l'enfer de ton lit devenir Proserpine!

XXVIII

Avec ses vêtements ondoyants & nacrés,
Même quand elle marche on croirait qu'elle danse,
Comme ces longs serpents que les jongleurs sacrés
Au bout de leurs bâtons agitent en cadence.

Comme le sable morne & l'azur des déserts,
Insensibles tous deux à l'humaine souffrance,
Comme les longs réseaux de la houle des mers,
Elle se développe avec indifférence.

79

Ses yeux polis sont faits de minéraux charmants,
Et dans cette nature étrange & symbolique
Où l'ange inviolé se mêle au sphinx antique,

Où tout n'est qu'or, acier, lumière & diamants,
Resplendit à jamais, comme un astre inutile,
La froide majesté de la femme stérile.

XXIX

LE SERPENT QUI DANSE.

Que j'aime à voir, chère indolente,
  De ton corps si beau,
Comme une étoile vacillante,
  Miroiter la peau!

Sur ta chevelure profonde
  Aux âcres parfums,
Mer odorante & vagabonde
  Aux flots bleus & bruns,

83

Comme un navire qui s'éveille
Au vent du matin,
Mon âme rêveuse appareille
Pour un ciel lointain.

Tes yeux, où rien ne se révèle
De doux ni d'amer,
Sont deux bijoux froids où se mêle
L'or avec le fer.

À te voir marcher en cadence,
Belle d'abandon,
On dirait un serpent qui danse
Au bout d'un bâton.

Sous le fardeau de ta pareſſe
Ta tête d'enfant
Se balance avec la molleſſe
D'un jeune éléphant,

Et ton corps se penche & s'allonge
Comme un fin vaiſſeau
Qui roule bord sur bord & plonge
Ses vergues dans l'eau.

Comme un flot groſſi par la fonte
Des glaciers grondants,
Quand l'eau de ta bouche remonte
Au bord de tes dents,

Je crois boire un vin de Bohême,
Amer & vainqueur,
Un ciel liquide qui parsème
D'étoiles mon cœur!

XXX

UNE CHAROGNE.

Rappelez-vous l'objet que nous vîmes, mon âme,
Ce beau matin d'été si doux :
Au détour d'un sentier une charogne infâme
Sur un lit semé de cailloux,

Les jambes en l'air, comme une femme lubrique,
Brûlante & suant les poisons,
Ouvrait d'une façon nonchalante & cynique
Son ventre plein d'exhalaisons.

Le soleil rayonnait sur cette pourriture,
        Comme afin de la cuire à point,
Et de rendre au centuple à la grande Nature
        Tout ce qu'ensemble elle avait joint :

Et le ciel regardait la carcaſſe superbe
        Comme une fleur s'épanouir.
La puanteur était si forte, que sur l'herbe
        Vous crûtes vous évanouir.

Les mouches bourdonnaient sur ce ventre putride,
        D'où sortaient de noirs bataillons
De larves, qui coulaient comme un épais liquide
        Le long de ces vivants haillons.

Tout cela descendait, montait comme une vague,
        Ou s'élançait en pétillant;
On eût dit que le corps, enflé d'un souffle vague,
        Vivait en se multipliant.

Et ce monde rendait une étrange musique,
    Comme l'eau courante & le vent,
Ou le grain qu'un vanneur d'un mouvement rhythmique
    Agite & tourne dans son van.

Les formes s'effaçaient & n'étaient plus qu'un rêve,
    Une ébauche lente à venir
Sur la toile oubliée, & que l'artiste achève
    Seulement par le souvenir.

Derrière les rochers une chienne inquiète
    Nous regardait d'un œil fâché,
Épiant le moment de reprendre au squelette
    Le morceau qu'elle avait lâché.

— Et pourtant vous serez semblable à cette ordure,
    À cette horrible infection,
Étoile de mes yeux, soleil de ma nature,
    Vous, mon ange & ma passion !

Oui! telle vous serez, ô la reine des grâces,
        Après les derniers sacrements,
Quand vous irez, sous l'herbe & les floraisons graſses,
        Moisir parmi les oſsements.

Alors, ô ma beauté! dites à la vermine
        Qui vous mangera de baisers,
Que j'ai gardé la forme & l'eſsence divine
        De mes amours décomposés!

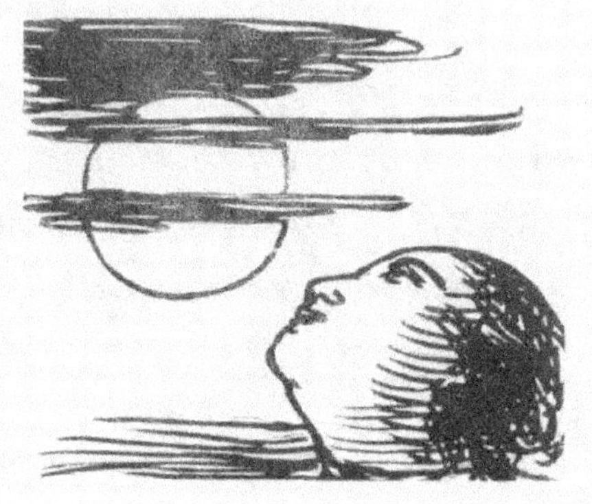

XXXI

DE PROFUNDIS CLAMAVI.

J'implore ta pitié, Toi, l'unique que j'aime,
Du fond du gouffre obscur où mon cœur est tombé.
C'est un univers morne à l'horizon plombé,
Où nagent dans la nuit l'horreur & le blasphème;

Un soleil sans chaleur plane au-deßus six mois,
Et les six autres mois la nuit couvre la terre;
C'est un pays plus nu que la terre polaire;
Ni bêtes, ni ruißeaux, ni verdure, ni bois!

90

Or il n'est pas d'horreur au monde qui surpaſſe
La froide cruauté de ce soleil de glace
Et cette immense nuit semblable au vieux Chaos;

Je jalouse le sort des plus vils animaux
Qui peuvent se plonger dans un sommeil ſtupide,
Tant l'écheveau du temps lentement se dévide!

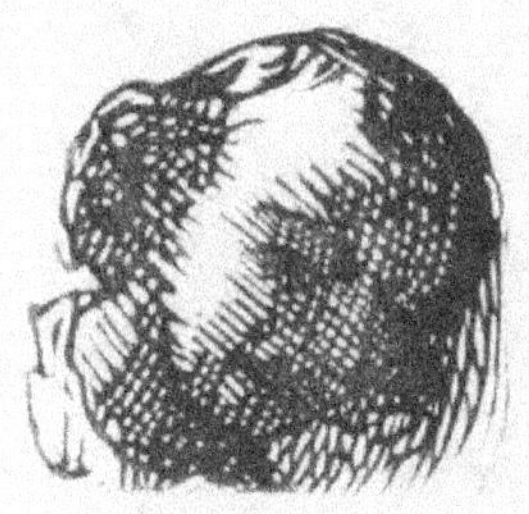

XXXII

LE VAMPIRE.

Toi qui, comme un coup de couteau,
Dans mon cœur plaintif es entrée;
Toi qui, forte comme un troupeau
De démons, vins, folle & parée,

De mon esprit humilié
Faire ton lit & ton domaine;

— Infâme à qui je suis lié
Comme le forçat à la chaîne,

Comme au jeu le joueur têtu,
Comme à la bouteille l'ivrogne,
Comme aux vermines la charogne,
— Maudite, maudite sois-tu !

J'ai prié le glaive rapide
De conquérir ma liberté,
Et j'ai dit au poison perfide
De secourir ma lâcheté.

Hélas ! le poison & le glaive
M'ont pris en dédain & m'ont dit :
« Tu n'es pas digne qu'on t'enlève
À ton esclavage maudit,

Imbécile ! — de son empire
Si nos efforts te délivraient,
Tes baisers reßusciteraient
Le cadavre de ton vampire !»

XXXIII

Une nuit que j'étais près d'une affreuse Juive,
Comme au long d'un cadavre un cadavre étendu,
Je me pris à songer près de ce corps vendu
À la triste beauté dont mon désir se prive.

Je me représentai sa majesté native,
Son regard de vigueur & de grâces armé,
Ses cheveux qui lui font un casque parfumé,
Et dont le souvenir pour l'amour me ravive.

95

Car j'euſſe avec ferveur baiſé ton noble corps,
Et depuis tes pieds frais jusqu'à tes noires treſſes
Déroulé le trésor des profondes careſſes,

Si, quelque soir, d'un pleur obtenu sans effort
Tu pouvais seulement, ô reine des cruelles!
Obscurcir la ſplendeur de tes froides prunelles.

96

XXXIV

REMORDS POSTHUME.

Lorsque tu dormiras, ma belle ténébreuse,
Au fond d'un monument construit en marbre noir,
Et lorsque tu n'auras pour alcôve & manoir
Qu'un caveau pluvieux & qu'une fosse creuse;

Quand la pierre, opprimant ta poitrine peureuse
Et tes flancs qu'assouplit un charmant nonchaloir,
Empêchera ton cœur de battre & de vouloir,
Et tes pieds de courir leur course aventureuse,

99

Le tombeau, confident de mon rêve infini
(Car le tombeau toujours comprendra le poëte),
Durant ces longues nuits d'où le somme est banni,

Te dira : « Que vous sert, courtisane imparfaite,
De n'avoir pas connu ce que pleurent les morts ? »
— Et le ver rongera ta peau comme un remords.

XXXV

LE CHAT.

Viens, mon beau chat, sur mon cœur amoureux;
    Retiens les griffes de ta patte,
Et laiſſe-moi plonger dans tes beaux yeux,
    Mêlés de métal & d'agate.

Lorsque mes doigts careſſent à loisir
    Ta tête & ton dos élaſtique,
Et que ma main s'enivre du plaisir
    De palper ton corps électrique,

Je vois ma femme en esprit. Son regard,
Comme le tien, aimable bête,
Profond & froid, coupe & fend comme un dard,

Et, des pieds jusques à la tête,
Un air subtil, un dangereux parfum,
Nagent autour de son corps brun.

XXXVI

DUELLUM.

Deux guerriers ont couru l'un sur l'autre; leurs armes
Ont éclaboußé l'air de lueurs & de sang.
— Ces jeux, ces cliquetis du fer sont les vacarmes
D'une jeuneße en proie à l'amour vagißant.

Les glaives sont brisés! comme notre jeuneße,
Ma chère! Mais les dents, les ongles acérés,
Vengent bientôt l'épée & la dague traîtreße.
— O fureur des cœurs mûrs par l'amour ulcérés!

103

Dans le ravin hanté des chats-pards & des onces
Nos héros, s'étreignant méchamment, ont roulé,
Et leur peau fleurira l'aridité des ronces.

— Ce gouffre, c'est l'enfer, de nos amis peuplé !
Roulons-y sans remords, amazone inhumaine,
Afin d'éterniser l'ardeur de notre haine !

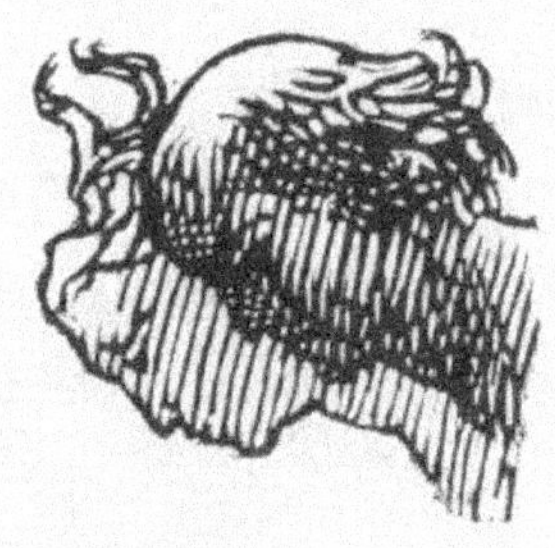

XXXVII

LE BALCON.

Mère des souvenirs, maîtreſſe des maîtreſſes,
Ô toi, tous mes plaisirs! ô toi, tous mes devoirs!
Tu te rappelleras la beauté des careſſes,
La douceur du foyer & le charme des soirs,
Mère des souvenirs, maîtreſſe des maîtreſſes!

Les soirs illuminés par l'ardeur du charbon,
Et les soirs au balcon, voilés de vapeurs roses.
Que ton sein m'était doux! que ton cœur m'était bon!

Nous avons dit souvent d'impérißables choses
Les soirs illuminés par l'ardeur du charbon.

Que les soleils sont beaux dans les chaudes soirées!
Que l'eßpace eßt profond! que le cœur eßt puißant!
En me penchant vers toi, reine des adorées,
Je croyais reßpirer le parfum de ton sang.
Que les soleils sont beaux dans les chaudes soirées!

La nuit s'épaißißait ainsi qu'une cloison,
Et mes yeux dans le noir devinaient tes prunelles,
Et je buvais ton souffle, ô douceur, ô poison!
Et tes pieds s'endormaient dans mes mains fraternelles.
La nuit s'épaißißait ainsi qu'une cloison.

Je sais l'art d'évoquer les minutes heureuses,
Et revis mon paßé blotti dans tes genoux.
Car à quoi bon chercher tes beautés langoureuses
Ailleurs qu'en ton cher corps & qu'en ton cœur si doux?
Je sais l'art d'évoquer les minutes heureuses!

Ces serments, ces parfums, ces baisers infinis,
Renaîtront-ils d'un gouffre interdit à nos sondes,
Comme montent au ciel les soleils rajeunis
Après s'être lavés au fond des mers profondes ?
— Ô serments ! ô parfums ! ô baisers infinis !

XXXVIII

LE POSSÉDÉ.

Le soleil s'est couvert d'un crêpe. Comme lui,
Ô Lune de ma vie! emmitoufle-toi d'ombre;
Dors ou fume à ton gré; sois muette, sois sombre,
Et plonge tout entière au gouffre de l'Ennui;

Je t'aime ainsi! Pourtant, si tu veux aujourd'hui,
Comme un astre éclipsé qui sort de la pénombre,
Te pavaner aux lieux que la Folie encombre,
C'est bien! Charmant poignard, jaillis de ton étui!

108

Allume ta prunelle à la flamme des lustres!
Allume le désir dans les regards des rustres!
Tout de toi m'est plaisir, morbide ou pétulant;

Sois ce que tu voudras, nuit noire, rouge aurore;
Il n'est pas une fibre en tout mon corps tremblant
Qui ne crie : O mon cher Belzébuth, je t'adore!

XXXIX

UN FANTÔME.

I

LES TÉNÈBRES.

Dans les caveaux d'insondable tristeſſe
Où le Deſtin m'a déjà relégué;
Où jamais n'entre un rayon rose & gai;
Où, seul avec la Nuit, mauſſade hôteſſe,

110

Je suis comme un peintre qu'un Dieu moqueur
Condamne à peindre, hélas! sur les ténèbres;
Où, cuisinier aux appétits funèbres,
Je fais bouillir & je mange mon cœur,

Par instants brille, & s'allonge, & s'étale
Un spectre fait de grâce & de splendeur.
À sa rêveuse allure orientale,

Quand il atteint sa totale grandeur,
Je reconnais ma belle visiteuse :
C'est Elle! sombre & pourtant lumineuse.

II

LE PARFUM

Lecteur, as-tu quelquefois respiré
Avec ivresse & lente gourmandise
Ce grain d'encens qui remplit une église,
Où d'un sachet le musc invétéré?

III

Charme profond, magique, dont nous grise,
Dans le présent le passé restauré!
Ainsi l'amant sur un corps adoré
Du souvenir cueille la fleur exquise.

De ses cheveux élastiques & lourds,
Vivant sachet, encensoir de l'alcôve,
Une senteur montait, sauvage & fauve,

Et des habits, mousseline ou velours,
Tout imprégnés de sa jeunesse pure,
Se dégageait un parfum de fourrure.

III

LE CADRE.

Comme un beau cadre ajoute à la peinture,
Bien qu'elle soit d'un pinceau très-vanté,
Je ne sais quoi d'étrange & d'enchanté
En l'isolant de l'immense nature,

Ainsi bijoux, meubles, métaux, dorure,
S'adaptaient juste à sa rare beauté;
Rien n'offusquait sa parfaite clarté,
Et tout semblait lui servir de bordure.

Même on eût dit parfois qu'elle croyait
Que tout voulait l'aimer; elle noyait
Dans les baisers du satin & du linge

Son beau corps nu, plein de frißonnements,
Et, lente ou brusque, en tous ses mouvements,
Montrait la grâce enfantine du singe.

IV

LE PORTRAIT.

La Maladie & la Mort font des cendres
De tout le feu qui pour nous flamboya.
De ces grands yeux si fervents & si tendres,
De cette bouche où mon cœur se noya,

De ces baisers puiſſants comme un dictame,
De ces transports plus vifs que des rayons,
Que reste-t-il? C'eſt affreux, ô mon âme!
Rien qu'un deſſin fort pâle, aux trois crayons,

Qui, comme moi, meurt dans la solitude,
Et que le Temps, injurieux vieillard,
Chaque jour frotte avec son aile rude…

Noir aſſaſſin de la Vie & de l'Art,
Tu ne tueras jamais dans ma mémoire
Celle qui fut mon plaisir & ma gloire!

XL

Je te donne ces vers afin que si mon nom
Aborde heureusement aux époques lointaines,
Et fait rêver un soir les cervelles humaines,
Vaißeau favorisé par un grand aquilon,

Ta mémoire, pareille aux fables incertaines,
Fatigue le lecteur ainsi qu'un tympanon,
Et par un fraternel & mystique chaînon
Reste comme pendue à mes rimes hautaines;

117

Être maudit à qui, de l'abîme profond
Jusqu'au plus haut du ciel, rien, hors moi, ne répond!
— O toi qui, comme une ombre à la trace éphémère,

Foules d'un pied léger & d'un regard serein
Les stupides mortels qui t'ont jugée amère,
Statue aux yeux de jais, grand ange au front d'airain!

XLI

SEMPER EADEM.

« *D'où vous vient, disiez-vous, cette tristeße étrange,*
Montant comme la mer sur le roc noir & nu ? »
— *Quand notre cœur a fait une fois sa vendange,*
Vivre est un mal ! C'est un secret de tous connu,

Une douleur très-simple & non mystérieuse,
Et, comme votre joie, éclatante pour tous.
Ceßez donc de chercher, ô belle curieuse !
Et, bien que votre voix soit douce, taisez-vous !

119

Taisez-vous, ignorante! âme toujours ravie!
Bouche au rire enfantin! Plus encor que la Vie,
La Mort nous tient souvent par des liens subtils.

Laißez, laißez mon cœur s'enivrer d'un mensonge,
Plonger dans vos beaux yeux comme dans un beau songe,
Et sommeiller longtemps à l'ombre de vos cils!

XLII

TOUT ENTIÈRE.

Le Démon, dans ma chambre haute,
Ce matin est venu me voir,
Et, tâchant à me prendre en faute,
Me dit : « Je voudrais bien savoir,

Parmi toutes les belles choses
Dont est fait son enchantement,

121

Parmi les objets noirs ou roses
Qui composent son corps charmant,

Quel est le plus doux. » — Ô mon âme!
Tu répondis à l'Abhorré :
« Puisqu'en Elle tout est dictame,
Rien ne peut être préféré.

Lorsque tout me ravit, j'ignore
Si quelque chose me séduit.
Elle éblouit comme l'Aurore
Et console comme la Nuit;

Et l'harmonie est trop exquise,
Qui gouverne tout son beau corps,
Pour que l'impuißante analyse
En note les nombreux accords.

Ó métamorphose mystique
De tous mes sens fondus en un!
Son haleine fait la musique,
Comme sa voix fait le parfum! »

XLIII

Que diras-tu ce soir, pauvre âme solitaire,
Que diras-tu, mon cœur, cœur autrefois flétri,
A la très-belle, à la très-bonne, à la très-chère,
Dont le regard divin t'a soudain refleuri?

— Nous mettrons notre orgueil à chanter ses louanges,
Rien ne vaut la douceur de son autorité;
Sa chair spirituelle a le parfum des Anges,
Et son œil nous revêt d'un habit de clarté.

Que ce soit dans la nuit & dans la solitude,
Que ce soit dans la rue & dans la multitude,
Son fantôme dans l'air danse comme un flambeau.

Parfois il parle & dit : « Je suis belle, & j'ordonne
Que pour l'amour de moi vous n'aimiez que le Beau ;
Je suis l'Ange gardien, la Muse & la Madone ! »

XLIV

LE FLAMBEAU VIVANT.

Ils marchent devant moi, ces Yeux pleins de lumières,
Qu'un Ange très-savant a sans doute aimantés;
Ils marchent, ces divins frères qui sont mes frères,
Secouant dans mes yeux leurs feux diamantés.

Me sauvant de tout piège & de tout péché grave,
Ils conduisent mes pas dans la route du Beau;
Ils sont mes serviteurs & je suis leur esclave;
Tout mon être obéit à ce vivant flambeau.

126

Charmants Yeux, vous brillez de la clarté mystique
Qu'ont les cierges brûlant en plein jour; le soleil
Rougit, mais n'éteint pas leur flamme fantastique;

Ils célèbrent la Mort, vous chantez le Réveil;
Vous marchez en chantant le réveil de mon âme,
Astres dont nul soleil ne peut flétrir la flamme!

127

XLV

RÉVERSIBILITÉ.

Ange plein de gaîté, connaißez-vous l'angoiße,
La honte, les remords, les sanglots, les ennuis
Et les vagues terreurs de ces affreuses nuits
Qui compriment le cœur comme un papier qu'on froiße?
Ange plein de gaîté, connaißez-vous l'angoiße?

Ange plein de bonté, connaißez-vous la haine,
Les poings crispés dans l'ombre & des larmes de fiel,
Quand la Vengeance bat son infernal rappel,
Et de nos facultés se fait le capitaine?
Ange plein de bonté, connaißez-vous la haine?

Ange plein de santé, connaißez-vous les Fièvres,
Qui, le long des grands murs de l'hospice blafard,
Comme des exilés, s'en vont d'un pied traînard,
Cherchant le soleil rare & remuant les lèvres?
Ange plein de santé, connaißez-vous les Fièvres?

Ange plein de beauté, connaißez-vous les rides,
Et la peur de vieillir, & ce hideux tourment
De lire la secrète horreur du dévoûment
Dans des yeux où longtemps burent nos yeux avides?
Ange plein de beauté, connaißez-vous les rides?

Ange plein de bonheur, de joie & de lumières,
David mourant aurait demandé la santé
Aux emanations de ton corps enchanté;
Mais de toi je n'implore, ange, que tes prières,
Ange plein de bonheur, de joie & de lumières!

17.

XLVI

CONFESSION.

Une fois, une seule, aimable & douce femme,
À mon bras votre bras poli
S'appuya (sur le fond ténébreux de mon âme
Ce souvenir n'est point pâli);

Il était tard; ainsi qu'une médaille neuve
　　La pleine lune s'étalait,
Et la solennité de la nuit, comme un fleuve,
　　Sur Paris dormant ruisselait.

Et le long des maisons, sous les portes cochères,
　　Des chats passaient furtivement,
L'oreille au guet, ou bien, comme des ombres chères,
　　Nous accompagnaient lentement.

Tout à coup, au milieu de l'intimité libre
　　Éclose à la pâle clarté,
De vous, riche & sonore instrument où ne vibre
　　Que la radieuse gaîté,

De vous, claire & joyeuse ainsi qu'une fanfare
　　Dans le matin étincelant,
Une note plaintive, une note bizarre
　　S'échappa, tout en chancelant

Comme une enfant chétive, horrible, sombre, immonde
        Dont sa famille rougirait,
Et qu'elle aurait longtemps, pour la cacher au monde,
        Dans un caveau mise au secret!

Pauvre ange, elle chantait, votre note criarde :
        «Que rien ici-bas n'est certain,
Et que toujours, avec quelque soin qu'il se farde,
        Se trahit l'égoïsme humain;

Que c'est un dur métier que d'être belle femme,
        Et que c'est le travail banal
De la danseuse folle & froide qui se pâme
        Dans un sourire machinal;

Que bâtir sur les cœurs est une chose sotte;
        Que tout craque, amour & beauté,
Jusqu'à ce que l'Oubli les jette dans sa hotte
        Pour les rendre à l'Éternité!»

J'ai souvent évoqué cette lune enchantée,
Ce silence & cette langueur,
Et cette confidence horrible chuchotée
Au confeßionnal du cœur.

XLVII

L'AUBE SPIRITUELLE.

Quand chez les débauchés l'aube blanche & vermeille
Entre en société de l'Idéal rongeur,
Par l'opération d'un mystere vengeur
Dans la brute affoupie un Ange se réveille.

Des Cieux Spirituels l'inacceffible azur,
Pour l'homme terraffé qui rêve encore & souffre,
S'ouvre & s'enfonce avec l'attirance du gouffre.
Ainsi, chère Déeffe, Être lucide & pur,

137

Sur les débris fumeux des stupides orgies
Ton souvenir plus clair, plus rose, plus charmant,
À mes yeux agrandis voltige incessamment.

Le soleil a noirci la flamme des bougies;
Ainsi, toujours vainqueur, ton fantôme est pareil,
Âme resplendissante, à l'immortel Soleil!

XLVIII

HARMONIE DU SOIR.

Voici venir les temps où vibrant sur sa tige
Chaque fleur s'évapore ainsi qu'un encensoir;
Les sons & les parfums tournent dans l'air du soir;
Valse mélancolique & langoureux vertige!

Chaque fleur s'évapore ainsi qu'un encensoir;
Le violon frémit comme un cœur qu'on afflige;
Valse mélancolique & langoureux vertige!
Le ciel est triste & beau comme un grand reposoir.

139

Le violon frémit comme un cœur qu'on afflige,
Un cœur tendre, qui hait le néant vaste & noir!
Le ciel est triste & beau comme un grand reposoir;
Le soleil s'est noyé dans son sang qui se fige…

Un cœur tendre, qui hait le néant vaste & noir,
Du passé lumineux recueille tout vestige!
Le soleil s'est noyé dans son sang qui se fige…
Ton souvenir en moi luit comme un ostensoir!

XLIX

LE FLACON.

Il est de forts parfums pour qui toute matière
Est poreuse. On dirait qu'ils pénètrent le verre.
En ouvrant un coffret venu de l'Orient
Dont la serrure grince & rechigne en criant,

Ou dans une maison déserte quelque armoire
Pleine de l'âcre odeur des temps, poudreuse & noire,
Parfois on trouve un vieux flacon qui se souvient,
D'où jaillit toute vive une âme qui revient.

141

Mille pensers dormaient, chrysalides funèbres,
Frémißant doucement dans les lourdes ténèbres,
Qui dégagent leur aile & prennent leur eßor,
Teintés d'azur, glacés de rose, lamés d'or.

Voilà le souvenir enivrant qui voltige
Dans l'air troublé; les yeux se ferment; le Vertige
Saisit l'âme vaincue & la pouße à deux mains
Vers un gouffre obscurci de miasmes humains;

Il la terraße au bord d'un gouffre séculaire,
Où, Lazare odorant déchirant son suaire,
Se meut dans son réveil le cadavre spectral
D'un vieil amour ranci, charmant & sépulcral.

Ainsi, quand je serai perdu dans la mémoire
Des hommes, dans le coin d'une sinistre armoire
Quand on m'aura jeté, vieux flacon désolé,
Décrépit, poudreux, sale, abject, visqueux, fêlé,

Je serai ton cercueil, aimable pestilence!
Le témoin de ta force & de ta virulence,
Cher poison préparé par les anges! liqueur
Qui me ronge, ô la vie & la mort de mon cœur!

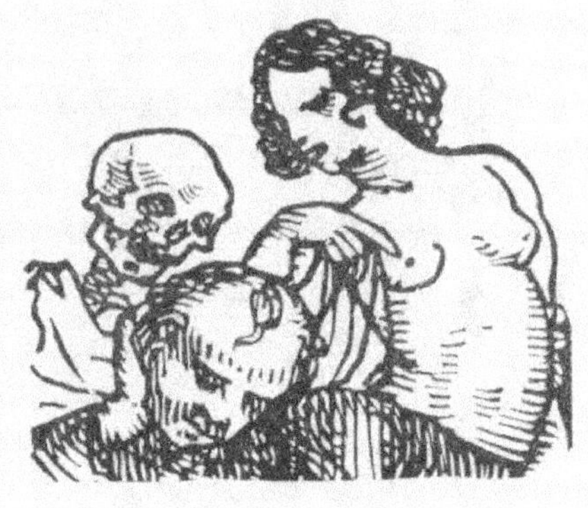

L

LE POISON.

Le vin sait revêtir le plus sordide bouge
D'un luxe miraculeux,
Et fait surgir plus d'un portique fabuleux
Dans l'or de sa vapeur rouge,
Comme un soleil couchant dans un ciel nébuleux.

L'opium agrandit ce qui n'a pas de bornes,
Allonge l'illimité,
Approfondit le temps, creuse la volupté,

Et de plaisirs noirs & mornes
Remplit l'âme au delà de sa capacité.

Tout cela ne vaut pas le poison qui découle
De tes yeux, de tes yeux verts,
Lacs où mon âme tremble & se voit à l'envers...
Mes songes viennent en foule
Pour se désaltérer à ces gouffres amers.

Tout cela ne vaut pas le terrible prodige
De ta salive qui mord,
Qui plonge dans l'oubli mon âme sans remord,
Et, charriant le vertige,
La roule défaillante aux rives de la mort !

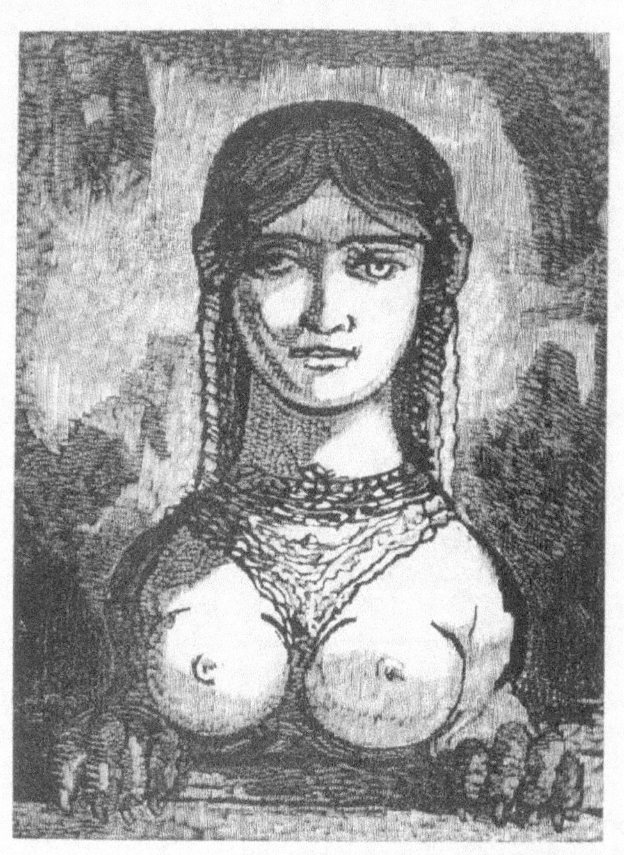

19.

LI

CIEL BROUILLÉ.

On dirait ton regard d'une vapeur couvert;
Ton œil mystérieux (est-il bleu, gris ou vert?)
Alternativement tendre, rêveur, cruel,
Réfléchit l'indolence & la pâleur du ciel.

Tu rappelles ces jours blancs, tièdes & voilés,
Qui font se fondre en pleurs les cœurs ensorcelés,
Quand, agités d'un mal inconnu qui les tord,
Les nerfs trop éveillés raillent l'esprit qui dort.

149

Tu reſſembles parfois à ces beaux horizons
Qu'allument les soleils des brumeuses saisons…
Comme tu reſplendis, paysage mouillé
Qu'enflamment les rayons tombant d'un ciel brouillé!

Ô femme dangereuse, ô séduisants climats!
Adorerai-je auſſi ta neige & vos frimas,
Et saurai-je tirer de l'implacable hiver
Des plaisirs plus aigus que la glace & le fer?

LII

LE CHAT.

I

Dans ma cervelle se promène,
Ainsi qu'en son appartement,
Un beau chat, fort, doux & charmant.
Quand il miaule, on l'entend à peine,

Tant son timbre est tendre & discret;
Mais que sa voix s'apaise ou gronde,

Elle est toujours riche & profonde.
C'est là son charme & son secret.

Cette voix, qui perle & qui filtre
Dans mon fond le plus ténébreux,
Me remplit comme un vers nombreux
Et me réjouit comme un philtre.

Elle endort les plus cruels maux
Et contient toutes les extases;
Pour dire les plus longues phrases,
Elle n'a pas besoin de mots.

Non, il n'est pas d'archet qui morde
Sur mon cœur, parfait instrument,
Et fasse plus royalement
Chanter sa plus vibrante corde,

Que ta voix, chat mystérieux,
Chat séraphique, chat étrange,
En qui tout est, comme en un ange,
Aussi subtil qu'harmonieux!

II

De sa fourrure blonde & brune
Sort un parfum si doux, qu'un soir
J'en fus embaumé, pour l'avoir
Caressée une fois, rien qu'une.

C'est l'esprit familier du lieu;
Il juge, il préside, il inspire
Toutes choses dans son empire;
Peut-être est-il fée, est-il dieu.

Quand mes yeux, vers ce chat que j'aime
Tirés comme par un aimant,
Se retournent docilement
Et que je regarde en moi-même,

Je vois avec étonnement
Le feu de ses prunelles pâles,
Clairs fanaux, vivantes opales,
Qui me contemplent fixement.

LIII

LE BEAU NAVIRE.

Je veux te raconter, ô molle enchantereße !
Les diverses beautés qui parent ta jeuneße ;
Je veux te peindre ta beauté,
Où l'enfance s'allie à la maturité.

155

Quand tu vas balayant l'air de ta jupe large,
Tu fais l'effet d'un beau vaißeau qui prend le large,
          Chargé de toile, & va roulant
Suivant un rhythme doux, & pareßeux, & lent.

Sur ton cou large & rond, sur tes épaules graßes,
Ta tête se pavane avec d'étranges grâces;
          D'un air placide & triomphant
Tu paßes ton chemin, majeftueuse enfant.

Je veux te raconter, ô molle enchantereße!
Les diverses beautés qui parent ta jeuneße;
          Je veux te peindre ta beauté,
Où l'enfance s'allie à la maturité.

Ta gorge qui s'avance & qui pouße la moire,
Ta gorge triomphante eft une belle armoire
          Dont les panneaux bombés & clairs
Comme les boucliers accrochent des éclairs;

Boucliers provoquants, armés de pointes roses !
Armoire à doux secrets, pleine de bonnes choses,
          De vins, de parfums, de liqueurs
Qui feraient délirer les cerveaux & les cœurs !

Quand tu vas balayant l'air de ta jupe large,
Tu fais l'effet d'un beau vaiſſeau qui prend le large,
          Chargé de toile, & va roulant
Suivant un rhythme doux, & pareſſeux, & lent.

Tes nobles jambes, sous les volants qu'elles chaſſent,
Tourmentent les désirs obscurs & les agacent,
          Comme deux sorcières qui font
Tourner un philtre noir dans un vase profond.

Tes bras, qui se joueraient des précoces hercules,
Sont des boas luiſants les solides émules,
          Faits pour serrer obſtinément,
Comme pour l'imprimer dans ton cœur, ton amant.

Sur ton cou large & rond, sur tes épaules graßes,
Ta tête se pavane avec d'étranges grâces ;
            D'un air placide & triomphant
Tu paßes ton chemin, majestueuse enfant.

LIV

L'INVITATION AU VOYAGE.

Mon enfant, ma sœur,
Songe à la douceur
D'aller là-bas vivre ensemble!
Aimer à loisir,
Aimer & mourir
Au pays qui te reßemble!
Les soleils mouillés
De ces ciels brouillés
Pour mon esprit ont les charmes
Si mystérieux

De tes traîtres yeux,
Brillant à travers leurs larmes.

Là, tout n'est qu'ordre & beauté,
Luxe, calme & volupté.

Des meubles luisants,
Polis par les ans,
Décoreraient notre chambre;
Les plus rares fleurs
Mêlant leurs odeurs
Aux vagues senteurs de l'ambre,
Les riches plafonds,
Les miroirs profonds,
La splendeur orientale,
Tout y parlerait
À l'âme en secret
Sa douce langue natale.

Là, tout n'est qu'ordre & beauté,
Luxe, calme & volupté.

Vois sur ces canaux
Dormir ces vaißeaux
Dont l'humeur eft vagabonde;
C'eft pour aßouvir
Ton moindre désir
Qu'ils viennent du bout du monde.
— Les soleils couchants
Revêtent les champs,
Les canaux, la ville entière,
D'hyacinthe & d'or;
Le monde s'endort
Dans une chaude lumière.

Là, tout n'eft qu'ordre & beauté,
Luxe, calme & volupté.

21.

LV

L'IRRÉPARABLE.

I

Pouvons-nous étouffer le vieux, le long Remords,
Qui vit, s'agite & se tortille,
Et se nourrit de nous comme le ver des morts,
Comme du chêne la chenille?
Pouvons-nous étouffer l'implacable Remords?

165

Dans quel philtre, dans quel vin, dans quelle tisane,
    Noierons-nous ce vieil ennemi,
Destructeur & gourmand comme la courtisane,
    Patient comme la fourmi?
Dans quel philtre? — dans quel vin? — dans quelle tisane?

Dis-le, belle sorcière, oh! dis, si tu le sais,
    À cet esprit comblé d'angoisse
Et pareil au mourant qu'écrasent les blessés,
    Que le sabot du cheval froisse,
Dis-le, belle sorcière, oh! dis, si tu le sais,

À cet agonisant que le loup déjà flaire
    Et que surveille le corbeau,
À ce soldat brisé! s'il faut qu'il désespère
    D'avoir sa croix & son tombeau;
Ce pauvre agonisant que déjà le loup flaire!

Peut-on illuminer un ciel bourbeux & noir?
    Peut-on déchirer des ténèbres
Plus denses que la poix, sans matin & sans soir,

Sans astres, sans éclairs funèbres?
Peut-on illuminer un ciel bourbeux & noir?

L'Espérance qui brille aux carreaux de l'Auberge
        Est soufflée, est morte à jamais!
Sans lune & sans rayons, trouver où l'on héberge
        Les martyrs d'un chemin mauvais!
Le Diable a tout éteint aux carreaux de l'Auberge!

Adorable sorcière, aimes-tu les damnés?
        Dis, connais-tu l'irrémiſsible?
Connais-tu le Remords, aux traits empoisonnés,
        À qui notre cœur sert de cible?
Adorable sorcière, aimes-tu les damnés?

L'Irréparable ronge avec sa dent maudite
        Notre âme, piteux monument,
Et souvent il attaque, ainsi que le termite,
        Par la base le bâtiment.
L'Irréparable ronge avec sa dent maudite!

J'ai vu parfois, au fond d'un théâtre banal
    Qu'enflammait l'orchestre sonore,
Une fée allumer dans un ciel infernal
    Une miraculeuse aurore;
J'ai vu parfois au fond d'un théâtre banal

Un être, qui n'était que lumière, or & gaze,
    Terrasser l'énorme Satan;
Mais mon cœur, que jamais ne visite l'extase,
    Est un théâtre où l'on attend
Toujours, toujours en vain, l'Être aux ailes de gaze!

LVI

CAUSERIE.

Vous êtes un beau ciel d'automne, clair & rose!
Mais la tristeſſe en moi monte comme la mer,
Et laiſſe, en refluant, sur ma lèvre morose
Le souvenir cuisant de son limon amer.

— Ta main se gliſſe en vain sur mon sein qui se pâme;
Ce qu'elle cherche, amie, eſt un lieu saccagé
Par la griffe & la dent féroce de la femme.
Ne cherchez plus mon cœur; les bêtes l'ont mangé.

169   22

Mon cœur est un palais flétri par la cohue;
On s'y soûle, on s'y tue, on s'y prend aux cheveux!
— Un parfum nage autour de votre gorge nue!...

Ô Beauté, dur fléau des âmes, tu le veux!
Avec tes yeux de feu, brillants comme des fêtes,
Calcine ces lambeaux qu'ont épargnés les bêtes!

LVII

CHANT D'AUTOMNE.

I

Bientôt nous plongerons dans les froides ténèbres ;
Adieu, vive clarté de nos étés trop courts !
J'entends déjà tomber avec des chocs funèbres
Le bois retentißant sur le pavé des cours.

Tout l'hiver va rentrer dans mon être : colère,
Haine, frißons, horreur, labeur dur & forcé,

171

22.

Et, comme le soleil dans son enfer polaire,
Mon cœur ne sera plus qu'un bloc rouge & glacé.

J'écoute en frémissant chaque bûche qui tombe;
L'échafaud qu'on bâtit n'a pas d'écho plus sourd.
Mon esprit est pareil à la tour qui succombe
Sous les coups du bélier infatigable & lourd.

Il me semble, bercé par ce choc monotone,
Qu'on cloue en grande hâte un cercueil quelque part...
Pour qui? — C'était hier l'été; voici l'automne!
Ce bruit mystérieux sonne comme un départ.

II

J'aime de vos longs yeux la lumière verdâtre,
Douce beauté, mais tout aujourd'hui m'est amer,
Et rien, ni votre amour, ni le boudoir, ni l'âtre,
Ne me vaut le soleil rayonnant sur la mer.

Et pourtant aimez-moi, tendre cœur! soyez mère,
Même pour un ingrat, même pour un méchant;
Amante ou sœur, soyez la douceur éphémère
D'un glorieux automne ou d'un soleil couchant.

Courte tâche! La tombe attend; elle est avide!
Ah! laißez-moi, mon front posé sur vos genoux,
Goûter, en regrettant l'été blanc & torride,
De l'arrière-saison le rayon jaune & doux!

LVIII

À UNE MADONE.

EX-VOTO DANS LE GOÛT ESPAGNOL.

Je veux bâtir pour toi, Madone, ma maîtreße,
Un autel souterrain au fond de ma détreße,
Et creuser dans le coin le plus noir de mon cœur,
Loin du désir mondain & du regard moqueur,
Une niche, d'azur & d'or tout émaillée,
Où tu te dreßeras, Statue émerveillée.
Avec mes Vers polis, treillis d'un pur métal
Savamment conftellé de rimes de criftal,
Je ferai pour ta tête une énorme Couronne;

174

Et dans ma Jalousie, ô mortelle Madone,
Je saurai te tailler un Manteau, de façon
Barbare, roide & lourd, & doublé de soupçon,
Qui, comme une guérite, enfermera tes charmes;
Non de Perles brodé, mais de toutes mes Larmes!
Ta Robe, ce sera mon Désir, frémißant,
Onduleux, mon Désir qui monte & qui descend,
Aux pointes se balance, aux vallons se repose,
Et revêt d'un baiser tout ton corps blanc & rose.
Je te ferai de mon Respect de beaux Souliers
De satin, par tes pieds divins humiliés,
Qui, les emprisonnant dans une molle étreinte,
Comme un moule fidèle en garderont l'empreinte.
Si je ne puis, malgré tout mon art diligent,
Pour Marchepied tailler une Lune d'argent,
Je mettrai le Serpent qui me mord les entrailles
Sous tes talons, afin que tu foules & railles,
Reine victorieuse & féconde en rachats,
Ce monstre tout gonflé de haine & de crachats.
Tu verras mes Pensers, rangés comme les Cierges
Devant l'autel fleuri de la Reine des Vierges,

Étoilant de reflets le plafond peint en bleu,
Te regarder toujours avec des yeux de feu;
Et comme tout en moi te chérit & t'admire,
Tout se fera Benjoin, Encens, Oliban, Myrrhe,
Et sans cesse vers toi, sommet blanc & neigeux,
En Vapeurs montera mon Esprit orageux.

Enfin, pour compléter ton rôle de Marie,
Et pour mêler l'amour avec la barbarie,
Volupté noire! des sept Péchés capitaux,
Bourreau plein de remords, je ferai sept Couteaux
Bien affilés, &, comme un jongleur insensible,
Prenant le plus profond de ton amour pour cible,
Je les planterai tous dans ton Cœur pantelant,
Dans ton Cœur sanglotant, dans ton Cœur ruisselant!

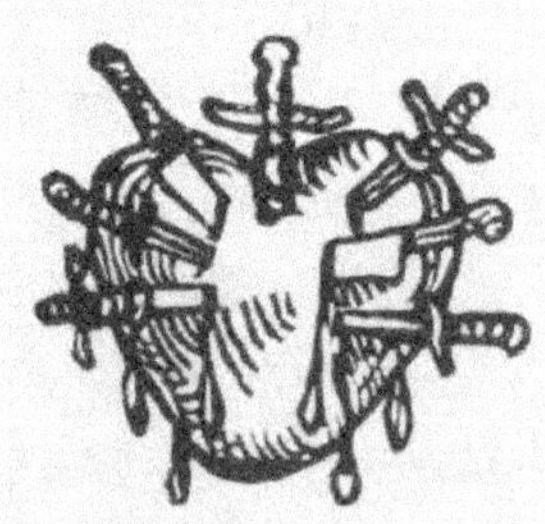

LIX

CHANSON D'APRÈS-MIDI.

Quoique tes sourcils méchants
Te donnent un air étrange
Qui n'est pas celui d'un ange,
Sorcière aux yeux alléchants,

177

Je t'adore, ô ma frivole,
Ma terrible paſsion !
Avec la dévotion
Du prêtre pour son idole.

Le désert & la forêt
Embaument tes treſses rudes ;
Ta tête a les attitudes
De l'énigme & du secret ;

Sur ta chair le parfum rôde
Comme autour d'un encensoir ;
Tu charmes comme le soir,
Nymphe ténébreuse & chaude.

Ah ! les philtres les plus forts
Ne valent pas ta pareſse,
Et tu connais la careſse
Qui fait revivre les morts !

Tes hanches sont amoureuses
De ton dos & de tes seins,
Et tu ravis les couſsins
Par tes poses langoureuses.

Quelquefois pour apaiser
Ta rage myſtérieuse,
Tu prodigues, sérieuse,
La morsure & le baiser;

Tu me déchires, ma brune,
Avec un rire moqueur,
Et puis tu mets sur mon cœur
Ton œil doux comme la lune.

Sous tes souliers de satin,
Sous tes charmants pieds de soie,
Moi, je mets ma grande joie,
Mon génie et mon deſtin,

Mon âme par toi guérie,
Par toi, lumière & couleur!
Explosion de chaleur
Dans ma noire Sibérie!

LX

SISINA.

Imaginez Diane en galant équipage,
Parcourant les forêts ou battant les halliers,
Cheveux & gorge au vent, s'enivrant de tapage,
Superbe & défiant les meilleurs cavaliers!

Avez-vous vu Théroigne, amante du carnage,
Excitant à l'assaut un peuple sans souliers,
La joue & l'œil en feu, jouant son personnage,
Et montant, sabre au poing, les royaux escaliers?

183

Telle la Sisina! Mais la douce guerrière
A l'âme charitable autant que meurtrière;
Son courage, affolé de poudre & de tambours,

Devant les suppliants sait mettre bas les armes,
Et son cœur, ravagé par la flamme, a toujours,
Pour qui s'en montre digne, un réservoir de larmes.

LXI

VERS POUR LE PORTRAIT

D'HONORÉ DAUMIER.

Celui dont nous t'offrons l'image,
Et dont l'art, subtil entre tous,
Nous enseigne à rire de nous,
Celui-là, lecteur, est un sage.

C'est un satirique, un moqueur;
Mais l'énergie avec laquelle

185

Il peint le Mal & sa séquelle
Prouve la beauté de son cœur.

Son rire n'est pas la grimace
De Melmoth ou de Méphisto
Sous la torche de l'Alecto
Qui les brûle, mais qui nous glace.

Leur rire, hélas! de la gaîté
N'est que la douloureuse charge;
Le sien rayonne, franc & large,
Comme un signe de sa bonté!

LXII

FRANCISCÆ MEÆ LAUDES.

Novis te cantabo chordis,
O novelletum quod ludis
In solitudine cordis.

Esto sertis implicata,
O fœmina delicata
Per quam solvuntur peccata!

Sicut beneficum Lethe,
Hauriam oscula de te,
Quæ imbuta es magnete.

187

Quum vitiorum tempestas
Turbabat omnes semitas,
Apparuisti, Deitas,

Velut stella salutaris
In naufragiis amaris...
Suspendam cor tuis aris!

Piscina plena virtutis,
Fons æternæ juventutis,
Labris vocem redde mutis!

Quod erat spurcum, cremasti;
Quod rudius, exæquasti;
Quod debile, confirmasti!

In fame mea taberna,
In nocte mea lucerna,
Recte me semper guberna.

Adde nunc vires viribus,
Dulce balneum suavibus
Unguentatum odoribus!

Meos circa lumbos mica,
O castitatis lorica,
Aqua tincta seraphica;

Patera gemmis corusca,
Panis salsus, mollis esca,
Divinum vinum, Francisca!

LXIII

À UNE DAME CRÉOLE.

Au pays parfumé que le soleil careſſe,
J'ai connu, sous un dais d'arbres tout empourprés
Et de palmiers d'où pleut sur les yeux la pareſſe,
Une dame créole aux charmes ignorés.

Son teint eſt pâle & chaud; la brune enchantereſſe
A dans le col des airs noblement maniérés;
Grande & svelte en marchant comme une chaſſereſſe,
Son sourire eſt tranquille & ses yeux aſſurés.

190

Si vous alliez, Madame, au vrai pays de gloire,
Sur les bords de la Seine ou de la verte Loire,
Belle digne d'orner les antiques manoirs,

Vous feriez, à l'abri des ombreuses retraites,
Germer mille sonnets dans le cœur des poëtes,
Que vos grands yeux rendraient plus soumis que vos noirs.

LXIV

MŒSTA ET ERRABUNDA.

Dis-moi, ton cœur, parfois, s'envole-t-il, Agathe,
Loin du noir océan de l'immonde cité,
Vers un autre océan où la splendeur éclate,
Bleu, clair, profond, ainsi que la virginité?
Dis-moi, ton cœur, parfois, s'envole-t-il, Agathe?

La mer, la vaste mer, console nos labeurs!
Quel démon a doté la mer, rauque chanteuse
Qu'accompagne l'immense orgue des vents grondeurs,

192

De cette fonction sublime de berceuse ?
La mer, la vaste mer, console nos labeurs !

Emporte-moi, wagon ! enlève-moi, frégate !
Loin ! loin ! ici la boue est faite de nos pleurs !
— Est-il vrai que parfois le triste cœur d'Agathe
Dise : Loin des remords, des crimes, des douleurs,
Emporte-moi, wagon, enlève-moi, frégate ?

Comme vous êtes loin, paradis parfumé,
Où sous un clair azur tout n'est qu'amour & joie,
Où tout ce que l'on aime est digne d'être aimé !
Où dans la volupté pure le cœur se noie !
Comme vous êtes loin, paradis parfumé !

Mais le vert paradis des amours enfantines,
Les courses, les chansons, les baisers, les bouquets,
Les violons vibrant derrière les collines,
Avec les brocs de vin, le soir, dans les bosquets,
— Mais le vert paradis des amours enfantines,

193

L'innocent paradis, plein de plaisirs furtifs,
Est-il déjà plus loin que l'Inde ou que la Chine?
Peut-on le rappeler avec des cris plaintifs,
Et l'animer encor d'une voix argentine,
L'innocent paradis plein de plaisirs furtifs?

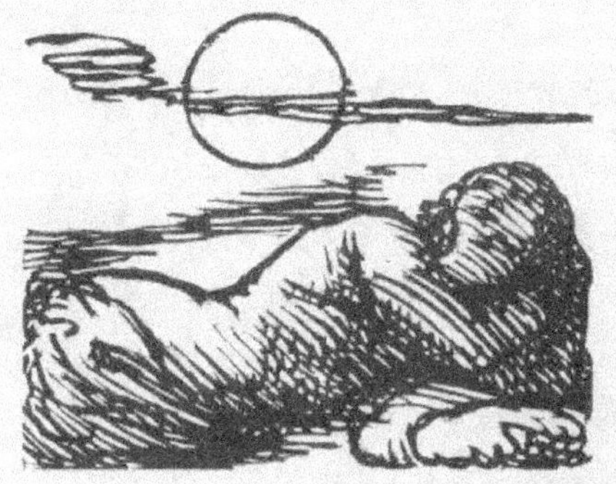

LE REVENANT.

Comme les anges à l'œil fauve,
Je reviendrai dans ton alcôve
Et vers toi glißerai sans bruit
Avec les ombres de la nuit;

Et je te donnerai, ma brune,
Des baisers froids comme la lune
Et des careßes de serpent
Autour d'une foße rampant.

Quand viendra le matin livide,
Tu trouveras ma place vide,
Où jusqu'au soir il fera froid.

Comme d'autres par la tendreße,
Sur ta vie & sur ta jeuneße,
Moi, je veux régner par l'effroi!

LXVI

SONNET D'AUTOMNE.

Ils me disent, tes yeux, clairs comme le cristal :
« Pour toi, bizarre amant, quel est donc mon mérite ? »
— Sois charmante & tais-toi! Mon cœur, que tout irrite,
Excepté la candeur de l'antique animal,

Ne veut pas te montrer son secret infernal,
Berceuse dont la main aux longs sommeils m'invite!
Ni sa noire légende avec la flamme écrite.
Je hais la passion & l'esprit me fait mal!

199

Aimons-nous doucement. L'Amour dans sa guérite,
Ténébreux, embusqué, bande son arc fatal.
Je connais les engins de son vieil arsenal :

Crime, horreur & folie! — Ô pâle marguerite!
Comme moi n'es-tu pas un soleil automnal,
Ô ma si blanche, ô ma si froide Marguerite?

LXVII

TRISTESSE DE LA LUNE.

Ce soir, la Lune rêve avec plus de pareße;
Ainsi qu'une beauté, sur de nombreux couſſins,
Qui, d'une main diſtraite & légère, careße
Avant de s'endormir le contour de ses seins,

Sur le dos satiné des molles avalanches,
Mourante, elle se livre aux longues pâmoisons,
Et promène ses yeux sur les visions blanches
Qui montent dans l'azur comme des floraisons.

201

Quand parfois sur ce globe, en sa langueur oisive,
Elle laiſſe filer une larme furtive,
Un poëte pieux, ennemi du sommeil,

Dans le creux de sa main prend cette larme pâle
Aux reflets irisés comme un fragment d'opale,
Et la met dans son cœur loin des yeux du Soleil.

LXVIII

LES CHATS.

Les amoureux fervents & les savants austères
Aiment également, dans leur mûre saison,
Les chats puißants & doux, orgueil de la maison,
Qui comme eux sont frileux & comme eux sédentaires.

Amis de la science & de la volupté,
Ils cherchent le silence & l'horreur des ténèbres;
L'Érèbe les eût pris pour ses coursiers funèbres,
S'ils pouvaient au servage incliner leur fierté.

Ils prennent en songeant les nobles attitudes
Des grands sphinx allongés au fond des solitudes,
Qui semblent s'endormir dans un rêve sans fin;

Leurs reins féconds sont pleins d'étincelles magiques,
Et des parcelles d'or, ainsi qu'un sable fin,
Étoilent vaguement leurs prunelles mystiques.

LXIX

LES HIBOUX.

Sous les ifs noirs qui les abritent
Les hiboux se tiennent rangés,
Ainsi que des dieux étrangers,
Dardant leur œil rouge. Ils méditent.

Sans remuer ils se tiendront
Jusqu'à l'heure mélancolique
Où, poußant le soleil oblique,
Les ténèbres s'établiront.

205

Leur attitude au sage enseigne
Qu'il faut en ce monde qu'il craigne
Le tumulte & le mouvement;

L'homme ivre d'une ombre qui paſſe
Porte toujours le châtiment
D'avoir voulu changer de place.

LA PIPE.

Je suis la pipe d'un auteur;
On voit à contempler ma mine
D'Abyssinienne ou de Cafrine,
Que mon maître est un grand fumeur.

Quand il est comblé de douleur,
Je fume comme la chaumine
Où se prépare la cuisine
Pour le retour du laboureur.

J'enlace & je berce son âme
Dans le réseau mobile & bleu
Qui monte de ma bouche en feu,

Et je roule un puißant dictame
Qui charme son cœur & guérit
De ses fatigues son esprit.

LXXI

LA MUSIQUE.

La musique souvent me prend comme une mer!
        Vers ma pâle étoile,
Sous un plafond de brume ou dans un vaste éther,
        Je mets à la voile;

La poitrine en avant & les poumons gonflés
        Comme de la toile,
J'escalade le dos des flots amoncelés
        Que la nuit me voile;

Je sens vibrer en moi toutes les paſsions
        D'un vaiſseau qui souffre;
Le bon vent, la tempête & ses convulsions

        Sur l'immense gouffre
Me bercent. — D'autres fois, calme plat, grand miroir
        De mon déseſpoir!

LXXII

SÉPULTURE D'UN POËTE MAUDIT.

Si par une nuit lourde & sombre
Un bon chrétien, par charité,
Derrière quelque vieux décombre
Enterre votre corps vanté,

À l'heure où les chastes étoiles
Ferment leurs yeux appesantis,
L'araignée y fera ses toiles,
Et la vipère ses petits;

2II

Vous entendrez toute l'année
Sur votre tête condamnée
Les cris lamentables des loups

Et des sorcières faméliques,
Les ébats des vieillards lubriques
Et les complots des noirs filous.

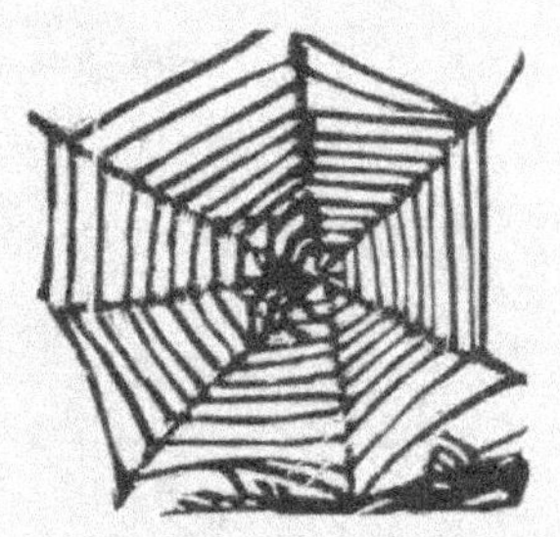

LXXIII

UNE GRAVURE FANTASTIQUE.

Ce spectre singulier n'a pour toute toilette,
Grotesquement campé sur son front de squelette,
Qu'un diadème affreux sentant le carnaval.
Sans éperons, sans fouet, il essouffle un cheval,
Fantôme comme lui, rosse apocalyptique,
Qui bave des naseaux comme un épileptique.
Au travers de l'espace ils s'enfoncent tous deux,
Et foulent l'infini d'un sabot hasardeux.
Le cavalier promène un sabre qui flamboie
Sur les foules sans nom que sa monture broie,

215

Et parcourt, comme un prince inspectant sa maison,
Le cimetière immense & froid, sans horizon,
Où gisent, aux lueurs d'un soleil blanc & terne,
Les peuples de l'histoire ancienne & moderne.

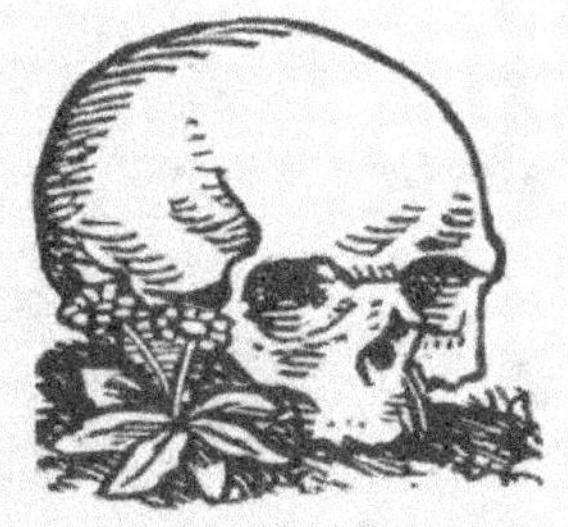

LXXIV

LE MORT JOYEUX.

Dans une terre graſſe & pleine d'escargots
Je veux creuser moi-même une foſſe profonde,
Où je puiſſe à loisir étaler mes vieux os
Et dormir dans l'oubli comme un requin dans l'onde.

Je hais les teſtaments & je hais les tombeaux;
Plutôt que d'implorer une larme du monde,
Vivant, j'aimerais mieux inviter les corbeaux
À saigner tous les bouts de ma carcaſſe immonde.

217

Ô vers ! noirs compagnons sans oreille & sans yeux,
Voyez venir à vous un mort libre & joyeux !
Philosophes viveurs, fils de la pourriture,

À travers ma ruine allez donc sans remords,
Et dites-moi s'il est encor quelque torture
Pour ce vieux corps sans âme & mort parmi les morts !

LXXV

LE TONNEAU DE LA HAINE.

La Haine est le tonneau des pâles Danaïdes;
La Vengeance éperdue aux bras rouges & forts
A beau précipiter dans ses ténèbres vides
De grands seaux pleins du sang & des larmes des morts,

Le Démon fait des trous secrets à ces abîmes,
Par où fuiraient mille ans de sueurs & d'efforts,
Quand même elle saurait ranimer ses victimes,
Et pour les reſſaigner reſſusciter leurs corps.

219

La Haine est un ivrogne au fond d'une taverne,
Qui sent toujours la soif naître de la liqueur
Et se multiplier comme l'hydre de Lerne.

— Mais les buveurs heureux connaißent leur vainqueur,
Et la haine est vouée à ce sort lamentable
De ne pouvoir jamais s'endormir sous la table.

LXXVI

LA CLOCHE FÊLÉE.

Il est amer & doux, pendant les nuits d'hiver,
D'écouter, près du feu qui palpite & qui fume,
Les souvenirs lointains lentement s'élever
Au bruit des carillons qui chantent dans la brume.

Bienheureuse la cloche au gosier vigoureux
Qui, malgré sa vieilleße, alerte & bien portante,
Jette fidèlement son cri religieux,
Ainsi qu'un vieux soldat qui veille sous la tente!

221

Moi, mon âme est fêlée, & lorsqu'en ses ennuis
Elle veut de ses chants peupler l'air froid des nuits,
Il arrive souvent que sa voix affaiblie

Semble le râle épais d'un blessé qu'on oublie
Au bord d'un lac de sang, sous un grand tas de morts,
Et qui meurt, sans bouger, dans d'immenses efforts!

LXXVII

SPLEEN.

Pluviôse, irrité contre la vie entière,
De son urne à grands flots verse un froid ténébreux
Aux pâles habitants du voisin cimetière
Et la mortalité sur les faubourgs brumeux.

Mon chat sur le carreau cherchant une litière
Agite sans repos son corps maigre & galeux;
L'âme d'un vieux poëte erre dans la gouttière
Avec la triste voix d'un fantôme frileux.

Le bourdon se lamente, & la bûche enfumée
Accompagne en faußet la pendule enrhumée,
Cependant qu'en un jeu plein de sales parfums,

Héritage fatal d'une vieille hydropique,
Le beau valet de cœur & la dame de pique
Causent sinistrement de leurs amours défunts.

LXXVIII

SPLEEN.

J'ai plus de souvenirs que si j'avais mille ans.

Un gros meuble à tiroirs encombré de bilans,
De vers, de billets doux, de procès, de romances,
Avec de lourds cheveux roulés dans des quittances,
Cache moins de secrets que mon triste cerveau.

227

C'est une pyramide, un immense caveau,
Qui contient plus de morts que la fosse commune.

— Je suis un cimetière abhorré de la lune,
Où, comme des remords, se traînent de longs vers
Qui s'acharnent toujours sur mes morts les plus chers.
Je suis un vieux boudoir plein de roses fanées,
Où gît tout un fouillis de modes surannées,
Où les pastels plaintifs & les pâles Boucher,
Seuls, respirent l'odeur d'un flacon débouché.

Rien n'égale en longueur les boiteuses journées,
Quand sous les lourds flocons des neigeuses années
L'Ennui, fruit de la morne incuriosité,
Prend les proportions de l'immortalité.

— Désormais tu n'es plus, ô matière vivante!
Qu'un granit entouré d'une vague épouvante,

Aſſoupi dans le fond d'un Saharah brumeux !
Un vieux sphinx ignoré du monde insoucieux,
Oublié sur la carte, & dont l'humeur farouche
Ne chante qu'aux rayons du soleil qui se couche !

LXXIX

SPLEEN.

Je suis comme le roi d'un pays pluvieux,
Riche, mais impuißant, jeune & pourtant très-vieux,
Qui, de ses précepteurs méprisant les courbettes,
S'ennuie avec ses chiens comme avec d'autres bêtes.
Rien ne peut l'égayer, ni gibier, ni faucon,
Ni son peuple mourant en face du balcon.
Du bouffon favori la grotesque ballade
Ne diſtrait plus le front de ce cruel malade;
Son lit fleurdelisé se transforme en tombeau,
Et les dames d'atour, pour qui tout prince eſt beau,

230

Ne savent plus trouver d'impudique toilette
Pour tirer un souris de ce jeune squelette.
Le savant qui lui fait de l'or n'a jamais pu
De son être extirper l'élément corrompu,
Et dans ces bains de sang qui des Romains nous viennent,
Et dont sur leurs vieux jours les puissants se souviennent,
Il n'a su réchauffer ce cadavre hébété
Où coule au lieu de sang l'eau verte du Léthé.

LXXX

SPLEEN.

Quand le ciel bas & lourd pèse comme un couvercle
Sur l'esprit gémißant en proie aux longs ennuis,
Et que de l'horizon embraßant tout le cercle
Il nous verse un jour noir plus triste que les nuits;

Quand la terre est changée en un cachot humide,
Où l'Espérance, comme une chauve-souris,
S'en va battant les murs de son aile timide
Et se cognant la tête à des plafonds pourris;

232

Quand la pluie étalant ses immenses traînées
D'une vaste prison imite les barreaux,
Et qu'un peuple muet d'infâmes araignées
Vient tendre ses filets au fond de nos cerveaux,

Des cloches tout à coup sautent avec furie
Et lancent vers le ciel un affreux hurlement,
Ainsi que des esprits errants & sans patrie
Qui se mettent à geindre opiniâtrément.

— Et de longs corbillards, sans tambours ni musique,
Défilent lentement dans mon âme; l'Espoir,
Vaincu, pleure, & l'Angoisse atroce, despotique,
Sur mon crâne incliné plante son drapeau noir.

LXXXI

OBSESSION.

Grands bois, vous m'effrayez comme des cathédrales;
Vous hurlez comme l'orgue; & dans nos cœurs maudits,
Chambres d'éternel deuil où vibrent de vieux râles,
Répondent les échos de vos De profundis.

Je te hais, Océan! tes bonds & tes tumultes,
Mon esprit les retrouve en lui! Ce rire amer
De l'homme vaincu, plein de sanglots & d'insultes,
Je l'entends dans le rire énorme de la mer.

234

Comme tu me plairais, ô Nuit! sans ces étoiles
Dont la lumière parle un langage connu!
Car je cherche le vide, & le noir, & le nu!

Mais les ténèbres sont elles-mêmes des toiles
Où vivent, jaillißant de mon œil par milliers,
Des êtres disparus aux regards familiers!

LXXXII

LE GOÛT DU NÉANT.

Morne esprit, autrefois amoureux de la lutte,
L'Espoir, dont l'éperon attisait ton ardeur,
Ne veut plus t'enfourcher! Couche-toi sans pudeur,
Vieux cheval dont le pied à chaque obstacle butte.

Résigne-toi, mon cœur; dors ton sommeil de brute.

Esprit vaincu, fourbu! Pour toi, vieux maraudeur,
L'amour n'a plus de goût, non plus que la dispute;

Adieu donc, chants du cuivre & soupirs de la flûte !
Plaisirs, ne tentez plus un cœur sombre & boudeur !

Le Printemps adorable a perdu son odeur !

Et le Temps m'engloutit minute par minute,
Comme la neige immense un corps pris de roideur ;
Je contemple d'en haut le globe en sa rondeur,
Et je n'y cherche plus l'abri d'une cahute !

Avalanche, veux-tu m'emporter dans ta chute ?

LXXXIII

ALCHIMIE DE LA DOULEUR.

L'un t'éclaire avec son ardeur,
L'autre en toi met son deuil, Nature !
Ce qui dit à l'un : Sépulture !
Dit à l'autre : Vie & splendeur !

Hermès inconnu qui m'assistes
Et qui toujours m'intimidas,
Tu me rends l'égal de Midas,
Le plus triste des alchimistes ;

238

Par toi je change l'or en fer
Et le paradis en enfer;
Dans le suaire des nuages

Je découvre un cadavre cher,
Et sur les célestes rivages
Je bâtis de grands sarcophages.

LXXXIV

HORREUR SYMPATHIQUE.

« De ce ciel bizarre & livide,
Tourmenté comme ton destin,
Quels pensers dans ton âme vide
Descendent ? — Réponds, libertin. »

— Insatiablement avide
De l'obscur & de l'incertain,
Je ne geindrai pas comme Ovide
Chassé du paradis latin.

240

Cieux déchirés comme des grèves,
En vous se mire mon orgueil!
Vos vastes nuages en deuil

Sont les corbillards de mes rêves,
Et vos lueurs sont le reflet
De l'enfer où mon cœur se plaît!

LXXXV

LE CALUMET DE PAIX.

(IMITÉ DE LONGFELLOW)

I

Or Gitche Manito[1], le Maître de la Vie,
Le Puißant, descendit dans la verte prairie,
Dans l'immense prairie aux coteaux montueux;
Et là, sur les rochers de la Rouge Carrière,
Dominant tout l'espace & baigné de lumière,
Il se tenait debout, vaste & majestueux.

[1] Prononcez : *Guitchi Manitou.*

242

Alors il convoqua les peuples innombrables,
Plus nombreux que ne sont les herbes & les sables.
Avec sa main terrible il rompit un morceau
Du rocher, dont il fit une pipe superbe,
Puis, au bord du ruißeau, dans une énorme gerbe,
Pour s'en faire un tuyau, choisit un long roseau.

Pour la bourrer il prit au saule son écorce;
Et lui, le Tout-Puißant, Créateur de la Force,
Debout, il alluma, comme un divin fanal,
La Pipe de la Paix. Debout sur la Carrière
Il fumait, droit, superbe & baigné de lumière.
Or pour les nations c'était le grand signal.

Et lentement montait la divine fumée
Dans l'air doux du matin, onduleuse, embaumée.
Et d'abord ce ne fut qu'un sillon ténébreux;
Puis la vapeur se fit plus bleue & plus épaiße,
Puis blanchit; & montant, & großißant sans cesse,
Elle alla se briser au dur plafond des cieux.

Des plus lointains sommets des Montagnes Rocheuses,
Depuis les lacs du Nord aux ondes tapageuses,
Depuis Tawasentha, le vallon sans pareil,
Jusqu'à Tuscaloosa, la forêt parfumée,
Tous virent le signal & l'immense fumée
Montant paisiblement dans le matin vermeil.

Les Prophètes disaient : « Voyez-vous cette bande
De vapeur, qui, semblable à la main qui commande,
Oscille & se détache en noir sur le soleil ? »
C'est Gitche Manito, le Maître de la Vie,
Qui dit aux quatre coins de l'immense prairie :
« Je vous convoque tous, guerriers, à mon conseil ! »

Par le chemin des eaux, par la route des plaines,
Par les quatre côtés d'où soufflent les haleines
Du vent, tous les guerriers de chaque tribu, tous,
Comprenant le signal du nuage qui bouge,
Vinrent docilement à la Carrière Rouge
Où Gitche Manito leur donnait rendez-vous.

Les guerriers se tenaient sur la verte prairie,
Tous équipés en guerre, & la mine aguerrie,
Bariolés ainsi qu'un feuillage automnal;
Et la haine qui fait combattre tous les êtres,
La haine qui brûlait les yeux de leurs ancêtres
Incendiait encor leurs yeux d'un feu fatal.

Et leurs yeux étaient pleins de haine héréditaire.
Or Gitche Manito, le Maître de la Terre,
Les considérait tous avec compaſsion,
Comme un père très bon, ennemi du désordre,
Qui voit ses chers petits batailler & se mordre.
Tel Gitche Manito pour toute nation.

Il étendit sur eux sa puiſsante main droite
Pour subjuguer leur cœur & leur nature étroite,
Pour rafraîchir leur fièvre à l'ombre de sa main;
Puis il leur dit avec sa voix majeſtueuse,
Comparable à la voix d'une eau tumultueuse
Qui tombe & rend un son monſtrueux, surhumain:

II

« O ma postérité, déplorable & chérie !
O mes fils ! écoutez la divine raison.
C'est Gitche Manito, le Maître de la Vie,
Qui vous parle ! celui qui dans votre patrie
A mis l'ours, le castor, le renne & le bison.

Je vous ai fait la chasse & la pêche faciles ;
Pourquoi donc le chasseur devient-il assassin ?
Le marais fut par moi peuplé de volatiles ;
Pourquoi n'êtes-vous pas contents, fils indociles ?
Pourquoi l'homme fait-il la chasse à son voisin ?

Je suis vraiment bien las de vos horribles guerres.
Vos prières, vos vœux mêmes sont des forfaits !
Le péril est pour vous dans vos humeurs contraires,

Et c'est dans l'union qu'est votre force. En frères
Vivez donc, & sachez vous maintenir en paix.

Bientôt vous recevrez de ma main un Prophète
Qui viendra vous instruire & souffrir avec vous.
Sa parole fera de la vie une fête;
Mais si vous méprisez sa sagesse parfaite,
Pauvres enfants maudits, vous disparaîtrez tous!

Effacez dans les flots vos couleurs meurtrières.
Les roseaux sont nombreux & le roc est épais;
Chacun en peut tirer sa pipe. Plus de guerres,
Plus de sang! Désormais vivez comme des frères,
Et tous, unis, fumez le Calumet de Paix!»

III

Et soudain tous, jetant leurs armes sur la terre,
Lavent dans le ruisseau les couleurs de la guerre

Qui luisaient sur leurs fronts cruels & triomphants.
Chacun creuse une pipe & cueille sur la rive
Un long roseau qu'avec adreße il enjolive.
Et l'Esprit souriait à ses pauvres enfants!

Chacun s'en retourna l'âme calme & ravie,
Et Gitche Manito, le Maître de la Vie,
Remonta par la porte entr'ouverte des cieux.
— A travers la vapeur splendide du nuage
Le Tout-Puißant montait, content de son ouvrage,
Immense, parfumé, sublime, radieux!

32

LXXXVI

LA PRIÈRE D'UN PAÏEN.

Ah! ne ralentis pas tes flammes;
Réchauffe mon cœur engourdi,
Volupté, torture des âmes!
Diva! supplicem exaudi!

Déeße dans l'air répandue,
Flamme dans notre souterrain!
Exauce une âme morfondue,
Qui te consacre un chant d'airain.

251

Volupté, sois toujours ma reine !
Prends le masque d'une sirène
Faite de chair & de velours,

Ou verse-moi tes sommeils lourds
Dans le vin informe & mystique,
Volupté, fantôme élastique !

LXXXVII

LE COUVERCLE.

En quelque lieu qu'il aille, ou sur mer ou sur terre,
Sous un climat de flamme ou sous un soleil blanc,
Serviteur de Jésus, courtisan de Cythère,
Mendiant ténébreux ou Crésus rutilant,

Citadin, campagnard, vagabond, sédentaire,
Que son petit cerveau soit actif ou soit lent,
Partout l'homme subit la terreur du mystère,
Et ne regarde en haut qu'avec un œil tremblant.

253

En haut, le Ciel! ce mur de caveau qui l'étouffe,
Plafond illuminé pour un opéra bouffe
Où chaque histrion foule un sol ensanglanté;

Terreur du libertin, espoir du fol ermite;
Le Ciel! couvercle noir de la grande marmite
Où bout l'imperceptible & vaste Humanité.

LXXXVIII

L'IMPRÉVU.

Harpagon, qui veillait son père agonisant,
Se dit, rêveur, devant ces lèvres déjà blanches :
« Nous avons au grenier un nombre suffisant,
    Ce me semble, de vieilles planches ? »

Célimène roucoule & dit : « Mon cœur est bon,
Et naturellement, Dieu m'a faite très belle. »
— Son cœur ! cœur racorni, fumé comme un jambon,
    Recuit à la flamme éternelle !

255

Un gazetier fumeux, qui se croit un flambeau,
Dit au pauvre, qu'il a noyé dans les ténèbres :
« Où donc l'aperçois-tu, ce créateur du Beau,
        Ce Redreſseur que tu célèbres ? »

Mieux que tous, je connais certain voluptueux
Qui bâille nuit & jour, & se lamente & pleure,
Répétant, l'impuiſsant & le fat : « Oui, je veux
        Être vertueux, dans une heure ! »

L'horloge, à son tour, dit à voix baſse : « Il est mûr,
Le damné ! J'avertis en vain la chair infecte.
L'homme eſt aveugle, sourd, fragile, comme un mur
        Qu'habite & que ronge un insecte ! »

Et puis, Quelqu'un paraît, que tous avaient nié,
Et qui leur dit, railleur & fier : « Dans mon ciboire,
Vous avez, que je crois, aſsez communié,
        A la joyeuse Meſse noire ?

Chacun de vous m'a fait un temple dans son cœur;
Vous avez, en secret, baisé ma feſſe immonde!
Reconnaiſſez Satan à son rire vainqueur,
  Énorme & laid comme le monde!

Avez-vous donc pu croire, hypocrites surpris,
Qu'on se moque du maître, & qu'avec lui l'on triche,
Et qu'il soit naturel de recevoir deux prix,
  D'aller au Ciel & d'être riche?

Il faut que le gibier paye le vieux chaſſeur
Qui se morfond longtemps à l'affût de la proie.
Je vais vous emporter à travers l'épaiſſeur,
  Compagnons de ma triſte joie,

A travers l'épaiſſeur de la terre & du roc,
A travers les amas confus de votre cendre,
Dans un palais auſſi grand que moi, d'un seul bloc,
  Et qui n'eſt pas de pierre tendre;

Car il est fait avec l'universel Péché,
Et contient mon orgueil, ma douleur & ma gloire!»
— Cependant, tout en haut de l'univers juché,
　　Un Ange sonne la victoire

De ceux dont le cœur dit : «Que béni soit ton fouet,
Seigneur! que la douleur, ô Père, soit bénie!
Mon âme dans tes mains n'est pas un vain jouet,
　　Et ta prudence est infinie.»

Le son de la trompette est si délicieux,
Dans ces soirs solennels de célestes vendanges,
Qu'il s'infiltre comme une extase dans tous ceux
　　Dont elle chante les louanges.

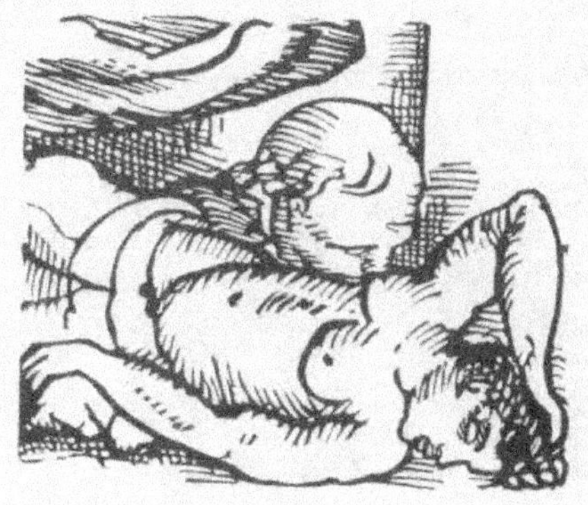

LXXXIX

L'EXAMEN DE MINUIT.

La pendule, sonnant minuit,
Ironiquement nous engage
A nous rappeler quel usage
Nous fîmes du jour qui s'enfuit :
— Aujourd'hui, date fatidique,
Vendredi, treize, nous avons,
Malgré tout ce que nous savons,
Mené le train d'un hérétique.

Nous avons blasphémé Jésus,
Des Dieux le plus incontestable !
Comme un parasite à la table
De quelque monstrueux Crésus,
Nous avons, pour plaire à la brute,
Digne vassale des Démons,
Insulté ce que nous aimons
Et flatté ce qui nous rebute ;

Contristé, servile bourreau,
Le faible qu'à tort on méprise ;
Salué l'énorme Bêtise,
La Bêtise au front de taureau ;
Baisé la stupide Matière
Avec grande dévotion,
Et de la putréfaction
Béni la blafarde lumière.

Enfin, nous avons, pour noyer
Le vertige dans le délire,

Nous, prêtre orgueilleux de la Lyre,
Dont la gloire est de déployer
L'ivreſſe des choses funèbres,
Bu sans soif & mangé sans faim !...
— Vite soufflons la lampe, afin
De nous cacher dans les ténèbres !

XC

MADRIGAL TRISTE.

I

Que m'importe que tu sois sage?
Sois belle! & sois triste! Les pleurs
Ajoutent un charme au visage,
Comme le fleuve au paysage;
L'orage rajeunit les fleurs.

264

Je t'aime surtout quand la joie
S'enfuit de ton front terraßé;
Quand ton cœur dans l'horreur se noie;
Quand sur ton présent se déploie
Le nuage affreux du paßé.

Je t'aime quand ton grand œil verse
Une eau chaude comme le sang;
Quand, malgré ma main qui te berce,
Ton angoiße, trop lourde, perce
Comme un râle d'agonisant.

J'aspire, volupté divine!
Hymne profond, délicieux!
Tous les sanglots de ta poitrine,
Et crois que ton cœur s'illumine
Des perles que versent tes yeux!

34

II

Je sais que ton cœur, qui regorge
De vieux amours déracinés,
Flamboie encor comme une forge,
Et que tu couves sous ta gorge
Un peu de l'orgueil des damnés;

Mais tant, ma chère, que tes rêves
N'auront pas reflété l'Enfer,
Et qu'en un cauchemar sans trêves,
Songeant de poisons & de glaives,
Éprise de poudre & de fer,

N'ouvrant à chacun qu'avec crainte,
Déchiffrant le malheur partout,
Te convulsant quand l'heure tinte,
Tu n'auras pas senti l'étreinte
De l'irrésistible Dégoût,

Tu ne pourras, esclave reine
Qui ne m'aimes qu'avec effroi,
Dans l'horreur de la nuit malsaine
Me dire, l'âme de cris pleine :
« Je suis ton égale, ô mon Roi! »

XCI

L'AVERTISSEUR.

Tout homme digne de ce nom
A dans le cœur un Serpent jaune,
Installé comme sur un trône,
Qui, s'il dit : «Je veux!» répond : «Non!»

Plonge tes yeux dans les yeux fixes
Des Satyreſses ou des Nixes,
La Dent dit : «Pense à ton devoir!»

268

Fais des enfants, plante des arbres,
Polis des vers, sculpte des marbres,
La Dent dit : « Vivras-tu ce soir? »

Quoi qu'il ébauche ou qu'il espère,
L'homme ne vit pas un moment
Sans subir l'avertißement
De l'insupportable Vipère.

XCII

A UNE MALABARAISE.

Tes pieds sont aussi fins que tes mains, & ta hanche
Est large à faire envie à la plus belle blanche;
A l'artiste pensif ton corps est doux & cher;

Tes grands yeux de velours sont plus noirs que ta chair.
Aux pays chauds & bleus où ton Dieu t'a fait naître,
Ta tâche est d'allumer la pipe de ton maître,
De pourvoir les flacons d'eaux fraîches & d'odeurs,
De chasser loin du lit les moustiques rôdeurs,
Et, dès que le matin fait chanter les platanes,
D'acheter au bazar ananas & bananes.
Tout le jour, où tu veux, tu mènes tes pieds nus,
Et fredonnes tout bas de vieux airs inconnus;
Et quand descend le soir au manteau d'écarlate,
Tu poses doucement ton corps sur une natte,
Où tes rêves flottants sont pleins de colibris,
Et toujours, comme toi, gracieux & fleuris.
Pourquoi, l'heureuse enfant, veux-tu voir notre France,
Ce pays trop peuplé que fauche la souffrance,
Et, confiant ta vie aux bras forts des marins,
Faire de grands adieux à tes chers tamarins?
Toi, vêtue à moitié de mousselines frêles,
Frissonnante là-bas sous la neige & les grêles,
Comme tu pleurerais tes loisirs doux & francs,
Si, le corset brutal emprisonnant tes flancs,

Il te fallait glaner ton souper dans nos fanges
Et vendre le parfum de tes charmes étranges,
L'œil pensif, & suivant, dans nos sales brouillards,
Des cocotiers absents les fantômes épars!

LA VOIX.

Mon berceau s'adoßait à la bibliothèque,
Babel sombre, où roman, science, fabliau,
Tout, la cendre latine & la poußiere grecque,
Se mêlaient. J'étais haut comme un in-folio.

Deux voix me parlaient. L'une, insidieuse & ferme,
Disait : « La Terre est un gâteau plein de douceur ;
Je puis (& ton plaisir serait alors sans terme !)
Te faire un appétit d'une égale grosseur. »
Et l'autre : « Viens ! oh ! viens voyager dans les rêves,
Au delà du possible, au delà du connu ! »
Et celle-là chantait comme le vent des grèves,
Fantôme vagissant, on ne sait d'où venu,
Qui caresse l'oreille & cependant l'effraie.
Je te répondis : « Oui ! douce voix ! » C'est d'alors
Que date ce qu'on peut, hélas ! nommer ma plaie
Et ma fatalité. Derrière les décors
De l'existence immense, au plus noir de l'abîme,
Je vois distinctement des mondes singuliers,
Et, de ma clairvoyance extatique victime,
Je traîne des serpents qui mordent mes souliers.
Et c'est depuis ce temps que, pareil aux prophètes,
J'aime si tendrement le désert & la mer ;
Que je ris dans les deuils & pleure dans les fêtes,
Et trouve un goût suave au vin le plus amer ;
Que je prends très-souvent les faits pour des mensonges,

Et que, les yeux au ciel, je tombe dans des trous.
Mais la Voix me console & dit : «Garde tes songes ;
Les sages n'en ont pas d'außi beaux que les fous!»

XCIV

HYMNE.

A la très-chère, à la très-belle
Qui remplit mon cœur de clarté,
A l'ange, à l'idole immortelle,
Salut en immortalité!

Elle se répand dans ma vie
Comme un air imprégné de sel,
Et dans mon âme inaßouvie
Verse le goût de l'éternel.

278

Sachet toujours frais qui parfume
L'atmosphère d'un cher réduit,
Encensoir oublié qui fume
En secret à travers la nuit,

Comment, amour incorruptible,
T'exprimer avec vérité?
Grain de musc qui gis, invisible,
Au fond de mon éternité!

A la très-bonne, à la très-belle
Qui fait ma joie & ma santé,
A l'ange, à l'idole immortelle,
Salut en immortalité!

XCV

LE REBELLE.

Un Ange furieux fond du ciel comme un aigle,
Du mécréant saisit à plein poing les cheveux,
Et dit, le secouant : « Tu connaîtras la règle !
(Car je suis ton bon Ange, entends-tu ?) Je le veux !

Sache qu'il faut aimer, sans faire la grimace,
Le pauvre, le méchant, le tortu, l'hébété,
Pour que tu puisses faire à Jésus, quand il passe,
Un tapis triomphal avec ta charité.

280

Tel est l'Amour! Avant que ton cœur ne se blase,
A la gloire de Dieu rallume ton extase;
C'est la Volupté vraie aux durables appas!»

Et l'Ange, châtiant autant, ma foi! qu'il aime,
De ses poings de géant torture l'anathème;
Mais le damné répond toujours : « Je ne veux pas!»

XCVI

LES YEUX DE BERTHE.

Vous pouvez mépriser les yeux les plus célèbres,
Beaux yeux de mon enfant, par où filtre & s'enfuit
Je ne sais quoi de bon, de doux comme la Nuit!
Beaux yeux, versez sur moi vos charmantes ténèbres!

Grands yeux de mon enfant, arcanes adorés,
Vous reßemblez beaucoup à ces grottes magiques
Où, derrière l'amas des ombres léthargiques,
Scintillent vaguement des trésors ignorés!

282

Mon enfant a des yeux obscurs, profonds & vastes,
Comme toi, Nuit immense, éclairés comme toi!
Leurs feux sont ces pensers d'Amour, mêlés de Foi,
Qui pétillent au fond, voluptueux ou chastes.

XCVII

LE JET D'EAU.

Tes beaux yeux sont las, pauvre amante!
Reste longtemps sans les rouvrir,
Dans cette pose nonchalante
Où t'a surprise le plaisir.
Dans la cour le jet d'eau qui jase
Et ne se tait ni nuit ni jour,
Entretient doucement l'extase
Où ce soir m'a plongé l'amour.

La gerbe épanouie
    En mille fleurs,
Où Phœbé réjouie
    Met ses couleurs,
Tombe comme une pluie
    De larges pleurs.

Ainsi ton âme qu'incendie
L'éclair brûlant des voluptés
S'élance, rapide et hardie,
Vers les vastes cieux enchantés.
Puis, elle s'épanche, mourante,
En un flot de triste langueur,
Qui par une invisible pente
Descend jusqu'au fond de mon cœur.

La gerbe épanouie
    En mille fleurs,
Où Phœbé réjouie
    Met ses couleurs,

Tombe comme une pluie
De larges pleurs.

O toi, que la nuit rend si belle,
Qu'il m'est doux, penché vers tes seins,
D'écouter la plainte éternelle
Qui sanglote dans les baßins!
Lune, eau sonore, nuit bénie,
Arbres qui frißonnez autour,
Votre pure mélancolie
Est le miroir de mon amour.

La gerbe épanouie
En mille fleurs,
Où Phœbé réjouie
Met ses couleurs,
Tombe comme une pluie
De larges pleurs.

XCVIII

LA RANÇON.

L'homme a, pour payer sa rançon,
Deux champs au tuf profond & riche,
Qu'il faut qu'il remue & défriche
Avec le fer de la raison;

Pour obtenir la moindre rose,
Pour extorquer quelques épis,
Des pleurs salés de son front gris
Sans ceſſe il faut qu'il les arrose.

289

L'un est l'Art, & l'autre l'Amour.
— Pour rendre le juge propice,
Lorsque de la stricte justice
Paraîtra le terrible jour,

Il faudra lui montrer des granges
Pleines de moissons, & des fleurs
Dont les formes & les couleurs
Gagnent le suffrage des Anges.

XCIX

BIEN LOIN D'ICI.

C'est ici la case sacrée
Où cette fille très-parée,
Tranquille & toujours préparée,

D'une main éventant ses seins,
Et son coude dans les couſsins,
Écoute pleurer les baſsins :

C'eſt la chambre de Dorothée.
— La brise & l'eau chantent au loin
Leur chanson de sanglots heurtée
Pour bercer cette enfant gâtée.

Du haut en bas, avec grand soin,
Sa peau délicate eſt frottée
D'huile odorante & de benjoin.
— Des fleurs se pâment dans un coin.

C

LE COUCHER DU SOLEIL ROMANTIQUE.

Que le Soleil est beau quand tout frais il se lève,
Comme une explosion nous lançant son bonjour!
— Bienheureux celui-là qui peut avec amour
Saluer son coucher plus glorieux qu'un rêve!

Je me souviens!... J'ai vu tout, fleur, source, sillon,
Se pâmer sous son œil comme un cœur qui palpite...
— Courons vers l'horizon, il est tard, courons vite,
Pour attraper au moins un oblique rayon!

Mais je poursuis en vain le Dieu qui se retire;
L'irrésistible Nuit établit son empire,
Noire, humide, funeste & pleine de frißons;

Une odeur de tombeau dans les ténèbres nage,
Et mon pied peureux froiße, au bord du marécage,
Des crapauds imprévus & de froids limaçons.

CI

SUR LE TASSE EN PRISON

D'EUGÈNE DELACROIX.

Le poëte au cachot, débraillé, maladif,
Roulant un manuscrit sous son pied convulsif,
Mesure d'un regard que la terreur enflamme
L'escalier de vertige où s'abîme son âme.

Les rires enivrants dont s'emplit la prison
Vers l'étrange & l'absurde invitent sa raison;

295

Le Doute l'environne, & la Peur ridicule,
Hideuse & multiforme, autour de lui circule.

Ce génie enfermé dans un taudis malsain,
Ces grimaces, ces cris, ces spectres dont l'eßaim
Tourbillonne, ameuté derrière son oreille,

Ce rêveur que l'horreur de son logis réveille,
Voilà bien ton emblème, Ame aux songes obscurs,
Que le Réel étouffe entre ses quatre murs !

CII

LE GOUFFRE.

Pascal avait son gouffre, avec lui se mouvant.
— Hélas! tout est abîme, — action, désir, rêve,
Parole! & sur mon poil qui tout droit se relève
Mainte fois de la Peur je sens passer le vent.

En haut, en bas, partout, la profondeur, la grève,
Le silence, l'espace affreux & captivant…
Sur le fond de mes nuits Dieu de son doigt savant
Dessine un cauchemar multiforme & sans trêve.

297

J'ai peur du sommeil comme on a peur d'un grand trou,
Tout plein de vague horreur, menant on ne sait où;
Je ne vois qu'infini par toutes les fenêtres,

Et mon esprit, toujours du vertige hanté,
Jalouse du néant l'insensibilité.
— Ah! ne jamais sortir des Nombres & des Êtres!

CIII

LES PLAINTES D'UN ICARE.

Les amants des prostituées
Sont heureux, dispos & repus;
Quant à moi, mes bras sont rompus
Pour avoir étreint des nuées.

C'est grâce aux astres nonpareils,
Qui tout au fond du ciel flamboient,
Que mes yeux consumés ne voient
Que des souvenirs de soleils.

299

En vain j'ai voulu de l'espace
Trouver la fin & le milieu;
Sous je ne sais quel œil de feu
Je sens mon aile qui se casse;

Et brûlé par l'amour du beau,
Je n'aurai pas l'honneur sublime
De donner mon nom à l'abîme
Qui me servira de tombeau.

CIV

RECUEILLEMENT.

Sois sage, ô ma Douleur, & tiens-toi plus tranquille.
Tu réclamais le Soir; il descend; le voici :
Une atmosphère obscure enveloppe la ville,
Aux uns portant la paix, aux autres le souci.

Pendant que des mortels la multitude vile,
Sous le fouet du Plaisir, ce bourreau sans merci,
Va cueillir des remords dans la fête servile,
Ma Douleur, donne-moi la main; viens par ici,

301

Loin d'eux. Vois se pencher les défuntes Années,
Sur les balcons du ciel, en robes surannées;
Surgir du fond des eaux le Regret souriant;

Le Soleil moribond s'endormir sous une arche,
Et, comme un long linceul traînant à l'Orient,
Entends, ma chère, entends la douce Nuit qui marche.

CV

L'HÉAUTONTIMOROUMÉNOS.

A J. G. F.

Je te frapperai sans colère
Et sans haine, comme un boucher,
Comme Moïse le rocher!
Et je ferai de ta paupière,

Pour abreuver mon Sahara,
Jaillir les eaux de la souffrance.
Mon désir gonflé d'espérance
Sur tes pleurs salés nagera

305

Comme un vaiſſeau qui prend le large,
Et dans mon cœur qu'ils soûleront
Tes chers sanglots retentiront
Comme un tambour qui bat la charge !

Ne suis-je pas un faux accord
Dans la divine symphonie,
Grâce à la vorace Ironie
Qui me secoue & qui me mord ?

Elle eſt dans ma voix, la criarde !
C'eſt tout mon sang, ce poison noir !
Je suis le siniſtre miroir
Où la mégère se regarde !

Je suis la plaie & le couteau !
Je suis le soufflet & la joue !
Je suis les membres & la roue,
Et la victime & le bourreau !

Je suis de mon cœur le vampire,
— Un de ces grands abandonnés
Au rire éternel condamnés,
Et qui ne peuvent plus sourire!

CVI

L'IRRÉMÉDIABLE.

I

Une Idée, une Forme, un Être
Parti de l'azur & tombé
Dans un Styx bourbeux & plombé
Où nul œil du Ciel ne pénètre;

308

Un Ange, imprudent voyageur
Qu'a tenté l'amour du difforme,
Au fond d'un cauchemar énorme
Se débattant comme un nageur,

Et luttant, angoißes funèbres!
Contre un gigantesque remous
Qui va chantant comme les fous
Et pirouettant dans les ténèbres;

Un malheureux ensorcelé
Dans ses tâtonnements futiles,
Pour fuir d'un lieu plein de reptiles,
Cherchant la lumière & la clé;

Un damné descendant sans lampe,
Au bord d'un gouffre dont l'odeur

Trahit l'humide profondeur,
D'éternels escaliers sans rampe,

Où veillent des monstres visqueux
Dont les larges yeux de phosphore
Font une nuit plus noire encore
Et ne rendent visibles qu'eux;

Un navire pris dans le pôle,
Comme en un piège de cristal,
Cherchant par quel détroit fatal
Il est tombé dans cette geôle;

— Emblemes nets, tableau parfait
D'une fortune irrémédiable,
Qui donne à penser que le Diable
Fait toujours bien tout ce qu'il fait!

Tête-à-tête sombre & limpide
Qu'un cœur devenu son miroir !
Puits de Vérité, clair & noir,
Où tremble une étoile livide,

Un phare ironique, infernal,
Flambeau des grâces sataniques,
Soulagement & gloire uniques,
— La conscience dans le Mal !

CVII

L'HORLOGE.

Horloge! dieu siniſtre, effrayant, impaſſible,
Dont le doigt nous menace & nous dit : « Souviens-toi!
Les vibrantes Douleurs dans ton cœur plein d'effroi
Se planteront bientôt comme dans une cible;

312

Le Plaisir vaporeux fuira vers l'horizon
Ainsi qu'une sylphide au fond de la coulisse;
Chaque instant te dévore un morceau du délice
A chaque homme accordé pour toute sa saison.

Trois mille six cents fois par heure, la Seconde
Chuchote : Souviens-toi! — Rapide avec sa voix
D'insecte, Maintenant dit : Je suis Autrefois,
Et j'ai pompé ta vie avec ma trompe immonde!

Remember! Souviens-toi! *prodigue*! Esto memor!
(Mon gosier de métal parle toutes les langues.)
Les minutes, mortel folâtre, sont des gangues
Qu'il ne faut pas lâcher sans en extraire l'or!

Souviens-toi que le Temps est un joueur avide
Qui gagne sans tricher, à tout coup! c'est la loi.
Le jour décroît; la nuit augmente; souviens-toi!
Le gouffre a toujours soif; la clepsydre se vide.

Tantôt sonnera l'heure où le divin Hasard,
Où l'auguste Vertu, ton épouse encor vierge,
Où le Repentir même (oh! la dernière auberge!),
Où tout te dira : Meurs, vieux lâche! il est trop tard!»

FIN

DE SPLEEN ET IDÉAL

Le feuillet ci-inclus est destiné à remplacer le dernier feuillet du premier tome, au cas où les deux tomes seraient réunis en un seul.

Car je serai plongé dans cette volupté
D'évoquer le Printemps avec ma volonté,
De tirer un soleil de mon cœur & de faire
De mes pensers brûlants une tiède atmosphère.

CIX

LE SOLEIL.

Le long du vieux faubourg, où pendent aux masures
Les persiennes, abri des secrètes luxures,
Quand le soleil cruel frappe à traits redoublés
Sur la ville & les champs, sur les toits & les blés,
Je vais m'exercer seul à ma fantasque escrime,
Flairant dans tous les coins les hasards de la rime,
Trébuchant sur les mots comme sur les pavés,
Heurtant parfois des vers depuis longtemps rêvés.

BAUDELAIRE

LES FLEURS DU MAL

ÉDITION
COMPLÈTE

PREMIÈRE PARTIE

BOIS
DESSINÉS
ET GRAVÉS
PAR
ÉMILE
BERNARD

VOLLARD
ÉDITEUR
IMPRIMERIE
NATIONALE
1916